グワンシ

GUANXI

中国人との関係《GUANXI》のつくりかた

デイヴィッド・ツェ
香港大学商学院国際マーケティング学部長

古田茂美
香港貿易発展局日本首席代表

Discover

はじめに

古田茂美

現在、政治の世界では、中国と日本の関係は、決して常に平穏なものとはいえないかもしれません。けれども、民間のビジネス、文化、人的交流においては、隣国、中国との関係は、今後も、強まることはあっても、弱まることはないでしょう。

本書は、現在、そして、これから、中国との、あるいは、中国でのビジネスを積極的に行っていこうとする方々、ならびに、日本と似ていないようで似ている、似ているようで似ていない中国の人々の考え方、行動の規範がどのようなものであるのかを理解したい、と願う多くの方々のために書かれました。

本書を読むと、これまで、「いったい全体、なぜそうなるんだ?」「どうして、そうなんだ?」と、文字どおり理解不能な異邦人のように感じていた、一人ひとりの、あるいは集団としての中国の人々の行動と思考、感情の源の一端がおわかりになると思います。そして、それが決して共感不可能なものでないことも。

さて、中国人ならびに中国社会を理解し、中国とのビジネスを成功させるためには、中国人のなかに自然に根付いている、二つの行動原理を理解しておかなければなりません。

なぜなら、社会制度がどれだけ変わろうと、中国という巨大な国で生き抜くために、中国人が二千年以上もの間に培ってきた行動原理は、現代ビジネス社会においても、そう簡単に消えゆくものではないからです。

その二つとは、一つが、孫子の兵法。

もう一つが、「グワンシ」です。

孫子の兵法については、兵法三十六計などで知られる、いわば、策略・謀略の世界。中国人にとってはあたりまえのことなのですが、日本人にとっては、ずるいとか冷たいとか感じられてしまう中国人の一面です。

そして、もう一つの「グワンシ」。これは初めて聞く言葉かもしれません。けれども、中国人は賄賂で動く。裏口入学・就職はあたりまえ。個人的人脈で動く。親切にしてくれることもあるけれど、メンツを潰すとたいへんなことになる……こうした言説についてはどうですか？　聞いたこと、経験したことはありませんか？

これらが、「グワンシ」と呼ばれる中国人の行動原理のもう一つの面で、漢字で書けば、「関係」。そう、文字どおり、中国人の人間関係のつくり方の原理であり、本書のテーマです。

ひと言で言えば、兵法は相手を突き放すベクトル、グワンシは相手を内側へ取り込もうとするベクトルです。まず、中国では、一見矛盾する、この二つの行動原理が併存していることを知っておいてください。

ちなみに、中国政府が外交上とる厳しい行動原理は、前者の兵法の流れを汲むものと思っていただいてよいでしょう。

つまり、この二つの行動原理が、相手によって使い分けられるのです。

兵法は「外人」と呼ばれるアウトサイダー、部外者に対するときの行動原理で、グワンシのほうは「自己人」と呼ばれるインサイダー、つまり内輪・身内に対するときの行動原理です。中国では、この外人と自己人をしっかり区別してつきあうのです。

この「外人」と「自己人」について、もう少し補足すると、自己人というのは、ズージーレンと読み、「自己と同じ人」、つまり、「自分と同じだと思ってもらっていい人」というような意味で、親子、親戚、親友など身内と呼べる人たちを指します。

一方、外人というのは、それ以外の人たち。私たちが言う「ガイジン」、つまり白人を中心とした外国人という意味ではなく、単に「知らない人」のことで、ワイレンと読みます。中国人同士であっても、ほとんどの人同士がこれに当たるわけです（この中間に、「熟人」（シューレン）といって、「単に知っている人」という分類がされることもあります）。

グワンシというのは、神の前の平等を旨とする欧米人から見ても、公私混同を悪とする日本人から見ても、頭ではわかってもなかなか理解できない行動原理ですが、兵法にしてもグワンシにしても、ともに周の時代から春秋時代（紀元前十世紀〜紀元前五世紀）に、その起源をもち現在も残るのには、それなりの理由、合理性があったわけです。欧米人の行動原理、日本人の行動原理、イスラム教徒の行動原理に、それぞれの国と民族とそのなかでの民衆のサバイバルのための必然性があったことと同じように。

詳しくは、本書のなかで説明します。

さて、私は、香港貿易発展局日本首席代表として、長年、日本企業の中国進出をサポートする仕事をしてまいりました。中国進出のためのさまざまな情報、ノウハウを定期的にお伝えするためのセミナーの開催もその一部で、本書のテーマである「グワンシ」は、その一環として、二〇一〇年春、招聘した香港大学のデイヴィッド・ツェ（謝貴枝）博士のご協力で、みなさんにご紹介することができました。その集大成としての本書は、おそらく、グワンシに関する一般向けの本としては、かなり貴重なものとなっていると思います。

ツェ博士は、香港中文大学ご卒業後、カリフォルニア大学バークレー校で経営学博士号を取得。儒教や中華文化研究で定評のあるカナダのブリティッシュコロンビア大学で十年の教鞭をとられたのち、母校に呼ばれ、香港に戻った後は、一九九四年、香港大学商学院に華人経営研究センターを開設されました。

そこで、提携大学であるケンブリッジ大学の経営学権威であるジョン・チャイルド教授とともに、中国経済や市場を中華文化の文脈でとらえ、その経営資源の行動法則と、それを経営に活かす方策を探究してきました。その研究成果は、香港大学ビジネススクールに提供されています。そして、多くの香港トップ企業の幹部がここから輩出され、現在、中国全土で管理職として活躍しています。

ツェ博士を日本にお呼びしての講演は、二〇〇八年七月に発表なさった研究論文“When Does *Guanxi* Matter?　Issues of Capitalization and Its Dark Sides”（グワンシ、その有効活用と負の局面について）にも示された知見をベースとした、わかりやすく、かつ、とても実践的なもので、本書の第一章から三章、ならびに、第五章の前半二つの項は、その際の講演に、本書のための特別取材を加えて、まとめたものです。

第四章と第五章の最後の項では、私の博士論文「華人ネットワーク論と華人経営研究〜香港中国調査を中心に〜」での成果をもとに、中国人のネットワークに対する理解と私たちがそれを活用するにはどうしたらよいのかを、私なりにまとめてみました。ツェ博士の担当部分と多少重複する部分があることを、あらかじめご了承いただけたらと思います。

また、最後に、ツェ博士の論文"When Does *Guanxi* Matter? Issues of Capitalization and Its Dark Sides"（グワンシ、その有効活用と負の局面について）の抄訳も加えました。

ツェ博士が第一章の冒頭で書いているように、中国の人々は、日本の製品が大好きです。日本文化にも大いに関心をもっています。中国の書店に行けば、日本の作家、ビジネス著者の本が目を引くところに並んでいます。にもかかわらず、日本企業の中国ビジネスは、その関心の大きさに見合うだけの成果をあげているとは言えません。その要因はどこにあり、私たちには何ができるのか？

本書が、あなたのビジネスと日中のよりよい関係のための一助となれば幸いです。

関係（GUANXI《グワンシ》）
中国人との関係のつくりかた

◉

目次

2 グワンシがなぜ必要になってきたのか？――35

3 グワンシは、どのように生まれ、根付いてきたか？――51

第2章◉グワンシの、欧米や日本の人的「関係」との決定的な違い［デイヴィッド・ツェ］

3 どのようにして、グワンシを築いていくのか?――145

第5章◉

第1章 ◉ 中国理解と進出の鍵、グワンシ

デイヴィッド・ツェ

1 グワンシがいかに重要か？

中国人は日本製品が大好き！
それなのに、二十年も前から、中国に一番乗りした日本がなぜ、中国で十分に成果をあげられていないのか？

中国人は日本の製品が大好きです。質が高くて壊れない、さらに、デザインにも優れているからです。デパートに買い物に行ったおりなど店長たちと話すと、彼らが口をそろえて言うのは常に、中国人がいかに日本製品好きか、ということです。

ですので、ふつう、商品を中国のデパートに置いてもらうには、中国市場に進出してから二年はかかりますが、日本製品ならば六ヵ月ですみます。ジャスコに行けば、日本の化粧品や消費財、子ども用品が飛ぶように売れています。

日本製品は、とにかく中国人に好かれ、信頼されています。

ところが、日本製品は、中国の消費者にこれほど人気があるにもかかわらず、日本企業の中国進出は必ずしもうまくいっていません。急成長する中国市場に、日本企業は一番乗りしたのに、そして、繰り返しますが、中国人消費者に日本製品は大人気なのに、必ずしも成果をあげられていません。

その理由が、本書のテーマである、「グワンシ」です。日本企業は、グワンシがうまく使えてこなかったがために、実力に見合う成果をあげられないでいるのです。

私（ツェ）の友人で、セイコーに勤めていた人がいました。時計のセイコーです。セイコーの中国進出は早く、一九八四年にはもう、北京にたくさんのお店がありました。

当時、彼にこう聞かれました。「デイヴィッドさん、私どもセイコーで、時計、いくつ売ったか知っていますか?」

「たくさん売っているんですか? それとも少ないんですか?」と聞きますと、「非常に少ないんですよ」と言いますので、私は、「百個ぐらいですかね、売れた時計の数は」と言いますと、「もっと少ない……十五個だ」と。「で、そのうち半分がおまけ。グワンシをつくるためのギフトとして与えたものなんですよ」と言われました。

一九八〇年代といえば、中国が初めて、沿岸部の「特区」に市場開放を宣言したころです。そのころ、中国の一般庶民は、基本的なものさえもっていませんでした。

たとえば、ここに一枚のカップルの写真があります。この写真の主役は誰だかわかりますか？

奥さんでもなければ旦那さんのほうでもない。主役はテレビ。テレビがまさにこの写真の中心で、自分たちはもうテレビを買ったんだということを主張することが、この写真を撮ってもらった目的でした。

このころ、個人用のカメラなんてものもありませんでしたから、これは、このカップルにとって、ほんとうに貴重な一枚だったと思います。

テレビを含めた三種の神器――冷蔵庫とテレビと洗濯機。男性は、結婚するためには、この三つを約束しなければなりませんでした。そうしなければ結婚はしないわよ、と女性に言われてしまう、そういう時代でした。日本にも、一九五〇年代後半ぐらいに、そういう時代があったでしょうか。

当時、伝統的な中国の女性は、結婚後もスカーフを被り、男性の顔は見えない、ということになっていたのですが、スカーフを被っていようがいまいが、いずれにしろ、結婚した後も、彼女が考えているのは相手のルックスではなくて、冷蔵庫とか、ラジオとか、洗濯機とか、テレビとか、そういうもののことばかりだったと、そういう時代でした。

それから、市場開放を本格的に進めた一九九〇年代を経て、中国は大いに変わりました。二十年以上前、いちばん最初に中国に進出した日本の企業が、中国の文化をよりよく理解していたならば、そして、政府との関係づくりをし、企業との関係づくりをし、従業員、顧客との関係づくりをうまくやっていたならば、中国で非常に成功していたと思います。ここでいう「関係」こそが、「グワンシ」です。

グワンシこそが、中国のあらゆる「関係」、すなわち「資源」を開放する鍵である

しかし、残念なことに、進出してきた多くの日本企業が苦しみ、そして、自ら立てた目標を達成できないで終わりました。中国に一番乗りはしたものの、中国人というものをあまり勉強しておらず、したがって、まったく理解していなかったからです。

でも考えてみてください。二人の人間が関係をもつ場合、たとえば結婚したとしても、相手を理解していなければ破綻してしまいます。日本製品がどれだけ優秀だったとしても、中国市場と消費者を理解していなければ、問題が起きてしまうのです。

もちろん、失敗したのは日本企業ばかりではありません。アメリカ、ドイツ、多くの国の企業が苦しみました。そうしたなかで、かれらは、中国のカルチャーは自分たちのそれとは非常に違う、そのなかでも、「グワンシ」がまさに「鍵」であることに気づきはじめました。

二年前、私たちがグワンシについての論文を発表するや、ドイツの巨大企業ＢＡＳＦが

グワンシについて知りたいといって、連絡してきました。ＢＡＳＦは世界最大級の化学製品工場を中国に建て、サプライチェーンを作っているので、グワンシを知りたいと。

中国は大いに変わりましたが、いまでも、グワンシは、中国に進出しようとする者にとって、避けられない概念であると思われているのです。

そして、事実、そうです。

一九八四年から四半世紀、グワンシに関する五十以上の調査が行われていますが、いずれもが、グワンシは企業が業績をあげられるかどうかに、非常に大きな影響を与えるという結果を示しています。

実際、グワンシというのはまさに「鍵」のようなもので、いろいろな関係を開放します。そして、いろいろな資源を開放します。グワンシという鍵をもっていれば、いろんなドアが開放され、いろいろな企業との関係づくり、政府との関係づくりなども、それでできてしまうのです。

しかしながら、グワンシは、理解するのが非常に難しい概念で、ましてやそれを有効に活用しようとなると、一筋縄ではいかないものであることも事実です。

これから少しずつ、お話ししていきましょう。

日本企業が取り組むべき三つのグワンシ、対従業員、対消費者、対地方政府

経営という視点から見ると、グワンシは三つからなっています。

一つは、企業の対企業、対政府、もう一つが、対従業員、そして、対消費者です。企業間と企業対政府のグワンシは、うまくいっているかどうかは別として、最近では、日本企業も非常に重視しています。

けれども、グワンシとは「関係」のことですから、対従業員のグワンシも非常に重要です。後で詳しく述べますが、日系企業に頻発するスト事件の多くはグワンシが原因です。今後、いま以上に、日本企業が知っておくべきは、対政府のグワンシ、対従業員のグワンシ、対消費者のグワンシでしょう。これらのグワンシをきちんと使いこなすことができれば、日本企業はもっともっと成功できると思います。

対消費者ということについては、冒頭でお話ししたように、中国人は日本製品が大好きです。中国にジョイント・ベンチャーで進出する日本企業、中国をベースに世界中に製品

を販売する企業、そういうところではグワンシが非常に重要となります。

そして、中国の潜在的購買力はまだまだ底知れず、拡大しつつあります。消費者の夢や希望を理解し、それと商品を広告でつないでいけば成功できるでしょう。

さらに、大勢の中国人が日本に観光でやってきて、日本製品を大量に買っていきます。日本政府は、最近、中国人の日本へのビザなし渡航可能の資格を拡大したようですが、こういう面でもグワンシは大切です。

対政府の関係づくりについては、いまのところ、日本はよくやっているほうだと思います。日本企業は中国政府とのグワンシをきちんと培っていて、これは日中間での大きな変化を生み出しています。

でも、もう一つ大事なことがあります。中国では政府内でもさまざまな層があるということです。企業の場合、地方政府とのグワンシは非常に重要です。外国のみなさんは、「中国は、中央政府が地方政府を統括しているのだろう」と考えるようですが、現実は、必ずしもそうではありません。

北京政府とパーフェクトなグワンシを築いていたとしても、地方政府とのグワンシがうまくいっていなければ、また問題が起きてしまうのです。

「グワンシ」は、中国理解の鍵であり、中国の固く閉ざされたいくつもの門戸を開く文字どおりの「鍵」でもある

というわけで何度も申し上げますが、およそ、中国でのビジネスを考える限り、グワンシを避けて通ることはできません。

グワンシとは、インターパーソナル・リレーションズ、人対人の関係性、人間関係のことです。どこの国にも存在しますが、こと中国では、人対人だけでなく、企業対企業レベル、企業対政府レベル、すべてにおいて、このグワンシが重要になってくるのです。

その理由は、詳しくはのちに述べるとして、まずは中国のその巨大さ、さらには、最近の急速な経済発展にあります。

だって、考えてもみてください。

仮にあなたの企業が、中国のある企業と関係をもちたいと思ったとします。でも、ほかにもその企業と関係をもちたい人は大勢います。中国の大企業は引く手あまたなのです。外国企業に限らず、中国内にもたくさんいます。中国は大きな国なのですから。

そんななかで、あなたに個人的な紹介者がいない限り、会いたいと言ったところで、ただ「会えません、ムリです」と言われるだけです。

そんなことをしていたら、ビジネス・チャンスを取り逃すかもしれない？

中国の大企業は、ビジネス・チャンスを失うことなんて全然怖がってなんかいません。なにしろ、ビジネス・チャンスはそれこそ、掃いて捨てるほど、たくさん転がっているのですから。

例をあげましょう。


あるとき、アメリカのある有名大学の教授が私のところに、私の論文のことでやってきました。

それは、中国でたくさんのデータを集めた論文で、そのデータソースを使って、毎年、私どもは、二千ページにもなるマーケットに関する情報を本にして出版しています。つまり、そのデータソースが重要だったわけです。ところが、この先生は私のところに来て、「どこからデータを取ったんですか？　自分で直接データソースに接触しますから、データソースを教えてください」と言うのです。

そこで、教えてあげると、かれはそのデータソースを提供する企業に接触しました。そして、典型的にそうであるように、私（ツェ）の名前を出すこともなく、「僕らは（かの有名な！）M大学です。御社にあるデータベースを使わせてほしい。御社の知名度も高まるし、サービスもよくなるでしょう」などと言ったそうです。

もちろんその企業の返事は、「別にあなたの大学から助けてもらう必要なんてない。そんなものがなくても十分ビジネスをやっていけますから」でした。後で、その企業の社長が私に教えてくれました。さらに社長が私に言うには、「そのデータを使いたいなら、百万ドル払えと言っときましたよ（笑）」。


もし、その教授が、「データを入手したいので、紹介してくれませんでしょうか」と私に言ったならば、私がその社長に連絡し、かれはデータを得られたかもしれません。グワンシが、門戸を開く「鍵」であるとはこういうことです。グワンシ、ここでは、私との「関係」を活かすことによって、信頼を構築していくことも可能だったわけです。

実際、そのデータソースを供給する企業としては、なぜその教授にデータを与えなければならないのか、理解に苦しんだはずです。M大学がどれほどのものだかは知らないが、教育と関係ない企業として、どうして見も知らぬなんの義理もない相手に、大事なリソースを提供しなくてはいけないんだ、と考えて当然でしょう。

中国は、その巨大さゆえに、グワンシ、つまり、人と人との信頼関係の有無が他国よりもずっと重要となる

何度も言いますが、中国はもともと人口の多い巨大な国です。そこが急速に発展しているのです。たくさんの関係者がいて、企業はいろいろなところから始終、声をかけられているのです。

きちんとした紹介の手順を踏まなければ、連絡してきた相手がまともなのか、悪辣なのか、信頼できるのかできないのか、とうていわかりません。グワンシなしで、どこの馬の骨ともわからない相手と話すわけにはいかないのです。

もちろん、それは、どこの国でも同じでしょう。紹介者がいないと、会えない人は多いし、紹介者次第でうまくいく話といかない話があったりするはずです。

けれども、中国ではこのグワンシの重要度が他国よりずっとずっと高いのです。

そして、その理由の一つが、先述したように中国が大きくて、企業がたくさんあるからなのです。大きいがゆえに、市場も大きく、競争も激しい。企業間の関係性も複雑です。

そこでグワンシが、人と人を紹介し、人々をつなぎあわせ、信頼関係を築きます。

中国がこれほど大きいがゆえに、グワンシは絶対に必要なものなのです。

さて、中国でグワンシの重要度が高いもう一つの理由は、それが中国四千年の歴史のなかで培われてきたものであるがゆえに、国民性とまでなっている、その歴史的背景にあります。次の項から、その部分をもう少し詳しくお話ししていきましょう。

2 グワンシがなぜ必要になってきたのか?

このように、現在も中国社会で重要な役割をもつグワンシは、どこから来ているのか?いまも続いている以上、そこにはなんらかの合理性があるのだろうか?

なぜ、いまなお、グワンシが必要なのか?

この項では、これらについて見ていきたいと思います。

中国人にとって、身近な人とのグワンシがうまく管理できているのが幸福な人生の条件

まず最初に、グワンシというのは、何千年も前に始まったものだということを知っておいてください。詳しくは、次の項でお話しします。

ともかく、中国人たちが集まって、社会をつくったときから、グワンシは存在しました。

「関係」というのは、集団の主要な要素です。集団としてまとまったら、自らの地位をそのグループのなかで定めなければならないし、お互いの関係を定めなければならない。当然と言えば当然です。

集団における自分と他者との関係は、自分自身を中心とした同心円で表すことができます。いちばん中心にあるのが自分とその家族。そして、親戚、その周りに友人。そして遠い親戚。そしてその友人と、順に同心円状につながっていきます。実際、中国という国全体が、同心円のように表されると言ってもいいでしょう。

中国の国民というのは、欧米人などと比べると、人々が互いに非常に密な関わり合いをもって暮らしています。人々といっても、親戚、友人など、親しい身内だけのことですが、ともかく、そういう身近な人々との調和が非常に重要で、これが究極的にもっとも重要な人生の要素なんだと、考えている人が多い。

だからこそ、中国人が「関係が重要」と言えば、欧米的な発想の範囲を超えて、ほんとうにかなり「重要」なのです。

こちらも後述しますが、よく中国人は、日本人と比べると個人主義だと言われますが、日本人にあるような組織に対する忠誠心が見られないだけで、欧米人の個人主義とはまったく異なります。

中国人は、「私が死ぬ日には、家族との関係もうまくいっていて、友人との関係も良好で、そして同僚との関係もうまくできたと。そういう状態で死にたい」と考えます。幸せに死ぬためには、グワンシがうまく管理できているということが、究極的に重要だと考えているわけです。

つまり、通常のときには、グワンシというのは、中国人にとって幸福のための目標です。

危機的な状況で供給が不足しているときは、まずは身内から守ろうと、グワンシが資源配分の基準となる

身近な者との関係を大切にし、それを幸福な人生の目標とするのは、自然な人間の感情です。ことさら特別視するようなことではありません。それが、なぜ、本書のようなものが書かれなくてはいけないような課題となるのかというと——いま、「通常のときには」と書きました。そうです。非常時には、グワンシは少し違う現れ方をするのです。

すなわち、非常に窮乏時、物が欠乏している、供給が不足しているようなときには、良

い関係、すなわち、グワンシを築いているかどうかが、「資源配分」に決定権をもちます。限られた資源を、できるだけ自分に近い者に配って、これを守ろうとするわけです。

ですから、ほんとうに厳しい状況になったならば、全部が内向きになります。危機的な状況で供給が難しいときには、物の扱い方、物の配分の仕方などすべてに、グワンシというものが入り込んできます。

最近の例をとれば、中国は、鄧小平国家主席の指導のもと、一九七九年から（一九七八年という論者もいますが）、それまでの計画経済から社会主義的な経済への移行を開始したわけですが、中国のような大国で、それだけのことを短時間のうちに達成するのには、非常な困難が伴いました。

少々抽象的な表現になりますが、実際、その社会主義的な経済は、構造的欠陥を内在したものでもありました。動きたくても動けない、動かしたくても動かせない状況が各所にありました。

そこで、活用されたのが「グワンシ」、すなわち、各個人がもつ個人的な人的ネットワークでした。それによって中国の各省は、協力体制をとることができました。さまざまな資源に門戸を開き、国有企業もそこでの配分に関わることができました。

巨大な中国では、
もともとみんなを平等に扱うことは不可能。
グワンシによる管理が必要だった

ここで、何度も申し上げている中国の大きさについて、もう少し実感してみていただきたいと思います。

では最初に。中国ではいま、毎年、何人の大学卒業者が生まれているかご存知ですか？六百万人です。毎年、六百万人の大学卒業者を生んでいるんです。だからこそ、中国は毎年八％の成長を遂げなければならないのです。これだけの成長率がなければ、中国の経済全体がこのような大学卒業者たちを取り入れることができません。事実、大卒のブルーワーカーというのも、最近は生まれてきています。

次に、中国には、いったいいくつのテレビ局があるかご存知でしょうか？三千二百です。三千二百のテレビ局があります。

中国というのはほんとうに大きな国なのです。非常に大きいので、みんなを平等に扱うことができないのです。

病院もそうです。いい病院に入りたいと思ったら、やはり、その病院関係者とのグワンシが必要です。だって、その病院で治療を受けたいという人が殺到しているんですから。学校だってそうです。中国において、子どもをいい学校に入れたい場合には、やはり、グワンシが必要です。日本でも一部の学校は、同じ状況にあると思いますが、でも、それはないことになっていますね。もし、それが明らかになったら、そのような不平等は許されない、裏口入学と糾弾され、逮捕者が出ることもあると聞きます。

けれども、中国には、大きすぎてもともとみんなを平等に扱うことなんてできない、という前提があるのです。

実際、中国は大きい。人口も非常に多い。そんななかで、グワンシが、そこから生じがちな混乱をあらかじめ統制し、管理しているのです。

具体的な例をあげましょう。

たとえば、あるデパートと取引を始めたい、そこで自社の商品を扱ってもらって売りたい、と考えた場合、次のなかでいったい誰が重要な人になるでしょうか？

社長なのか、会長なのか、ジェネラルマネージャー（部長）なのか、それともその下のフロアマネージャーなのか？

香港の大学院でMBAを取得した、たいへん優秀なキティという知人がいますが、彼女が言ったことによると、このなかでもっとも重要なのは、社長でもなければ、ジェネラルマネージャーという部長でもないし、もちろん、会長でもない。もっとも重要なのは、現場担当であるフロアマネージャーだ、と。

なぜなら、フロアマネージャーが、この店舗、またはこの売り場を全部管理しているからです。かれらと良いグワンシを結ぶことができなければ、たとえ、大量に納入できたとしても、ほんとうに端っこのほうに追いやられてしまう。誰も通らなければ、誰も気がつかないところに追いやられてしまうでしょう。それでは、売れるものも売れません。

こうしたことは、日本や欧米でも見られることで、だから、営業マンは、現場の責任者との信頼関係を築こうと努めるものでしょう。でも、その方法の規範が違います。

だから、と、彼女は言いました。

香港に来るたびに、自分はこのグワンシのネットワークを構築するために、いつもルイヴィトンのバッグを数点、買って帰らなければいけないと。一つはフロアマネージャーにあげるために、一つは子どもの学校の先生のために。

みな、こういう形でグワンシを管理しているのです。残念ではありますが、実は、こういうことが中国では起こっているのです。

でも、見方を変えれば、グワンシは管理可能である、と言うこともできるわけです。うまく管理すべきものなんだと見ることもできます。少なくとも中国人自身は、そのようにしています。そのことは理解しておく必要があるでしょう。

グワンシのネットワークがあるからこそ、現在の中国の経済的発展がある。温州商人の場合

いま、見てきたように、中国では、いたるところでグワンシが必要となるので、日々、それを管理することが必要です。

でも、最初に申し上げましたように、グワンシの存在が、この巨大な中国で急速な経済発展が実現するのに大いに役立ちました。そのプラスの側面について忘れるべきではありません。

たとえば、「温州商人」と呼ばれる人たちがいます。いまや、中国各地はもちろん、ドバイ、シンガポール、香港、アメリカ、ヨーロッパにまで投資するほどの大投資家たち。

一時期は上海の、いまや南京の多くの不動産はかれらが保有しているとも言われます。しかし、もともと温州というのは、華南地方の、大都市の間に挟まれた非常に小さな、そして貧しい地域でした。なにしろ、この周辺は四方を山で囲まれていて、外に出る唯一の手段は水路、つまり船でした。ほんとうに貧困地域だったのですが、にもかかわらず、成功しました。

なぜか？

グワンシのネットワークがあったからです。それを活用したからです。

最初、温州の人たちがつくったのは、ライターでした。いわゆる百円ライターですが、世界でもっとも有名なライター会社の一つは温州の会社です。次に、皮革製品に移っていきました。そして次にコモディティの取引に移りました。現在では有名な背広などもつくっています。そして、不動産投資です。

最初は低コストからスタートし、そして品質も悪いものでしたが、徐々に平均的な品質のものに移っていきました。

なぜこういうことが達成できたのでしょうか？

グワンシのネットワークをつくっていったからです。

現在、中国の各地に百以上の温州の人たちの商工会議所があり、世界の九十ヵ国以上の企業と取引があると言われますが、それらの窓口となるのは、すべて中国各地、世界の各地にいる温州人たちです。温州人のグワンシのネットワークを張りめぐらすことによって、豊かになっていったのです。

温州の人たちは、子どものころから、グワンシづくりを教えられて育った

かれらは、ほんとうに非常に貧困なレベルからスタートしました。その分、非常にタフでした。そして、住民たちの結束が固いことでも知られていました。かれらにとって、リスクをとって信頼を築くことが唯一できることでした。

だから、かれらは、約束したものは必ず提供しました。赤字になったとしても、必ずそれを提供しようとしました。そうやって、ほんとうに強い信頼を構築するなかで、資本を増やしていきました。

たとえば、三億人民元（約四十二億円）の運転資金を短期間にまかなわなければならないことになったとします。かれらは周辺の人たちにコンタクトをとって、数日後にはこの

資金をすべて用意します。もともと、周辺の人たちと信頼関係が築かれているので、わざわざ契約を結ぶ必要がないからです。

これがアメリカだったら、最初の契約書を書くだけで三日ぐらい費やすでしょう。そして弁護士同士がいろいろ議論をし、最終的には、途方もない行数に及ぶ、ぶ厚い契約書ができあがって、そして三ヵ月後にやっとお金が手に入る、といった具合でしょうか。

けれども、温州人たちはお互いを信頼していますから、そんな手続きを必要としないのです。

これでもまだ、なぜ、かれらが成功できたのか、その理由をはっきりとはイメージできないかもしれません。別の角度から見てみましょう。

成功の要因の一つは、ビジネスネットワークを自分たちの間で構築していったことです。この地域にはだいたい七百五十万人ぐらいの人口があります。中国の地域の人口としては決して多いほうではありません。わずか、と言ったほうがいいかもしれません。

ところが、その七百五十万人のなかに、二百五十万人のビジネスマンがいるのです。ビジネスマンというより、起業家と言ったほうがいいでしょう。この温州においては、みんなが、我こそがと、トップになりたがっているのです。かれらはほんとうに起業家精神に溢れています。

かれらはあちこちで、常にいろいろな組織をつくります。そこで、同じ言語をしゃべる同じ地域出身同士が、互いに信頼しあい、いろいろと共有し、支援しあうのです。

その結果、中国国内で百以上のさまざまなビジネス上の協会をもち、同じような組織を海外にもつくってきました。そういう形で、温州人を組織化してきたのです。


たとえば、かれらがアメリカに進出したいと考えたとします。実際に、二〇〇九年の四月三十日、彼らはみんなで、マイアミに行きたいと考えました。で、どうしたか？まず、ウェブサイトを設定しました。そこに、自分たちがなぜマイアミを選択したのか？その十個の理由、どういう商品をここの市場に提供するつもりなのか？　それを運営した場合のメリットは何なのか？等々、非常に実践的で、シンプルだけれどもパワフルな中小企業向けの情報を掲載しました。

もちろん、アメリカでの生活モデルも示しました。だいたい一日このくらいかかる、こうすれば節約できる、といったタフな中小企業のビジネスマンにほんとうに役立つ情報を載せたのです。その結果、マイアミにおいてもまた、かれらの取引が活発化したのは、言うまでもありません。

温州の人たちは、子どものころから、グワンシの大切さとその築き方を身をもって学びながら育ちます。

たとえば、かれらは、ふつうの親と同じように、小遣いを子どもたちにやります。小遣いで、これを買ったり、あれを買ったりしろと。ところが、それに加えて、また別の小遣いをやります。それは関係、すなわちグワンシをつくるためのお金です。友だちをつくりなさいということで、別枠の小遣いをやるのです。

かれらのグワンシづくりは、ほんとうに小さいころからスタートしています。小学校に通い始めたときから、こういった関係を構築することを学ぶのです。

これが温州の教育です。お互いに信頼しあい、そして、その関係をさらに深めていくのです。ほかと比べて、その関係が深く、かつ、広いものにならないわけがありません。

温州の人たちは、自分たちのネットワークと同時に、顧客との信頼関係＝グワンシづくりも大切にしている

まとめてみましょう。まず、温州の人たちのなかには、強力な信頼関係、グワンシがあ

ります。これが前提です。

そして、マーケットに最初に参入する場合には、ある程度の品質のものを低価格で提供するアプローチをとります。たとえローコストでも、いろいろな約束を全部守っていきます。すると市場の人たちは、まあローコストだけど、おもしろいじゃないかということで、信頼してくれるようになります。実際、温州の商人というのは、ほんとうに尊敬される人たちです。

ともかく、信頼を獲得することによって、最初は低品質なものしかつくれなくても、やがて、ある程度のいい品質のものをつくれるようになっていくわけです。そして、そこで培った信頼関係を活用して、そのほかのビジネスへと拡大していくのです。

つまり、温州の人たちは、自分たちのネットワークをつくると同時に、顧客との信頼関係、つまり、グワンシも非常に大切にしています。

たとえば、温州で、メガネのビジネスを始めた人の例です。

かれは最初、あるメガネ工場で働いていました。一九八〇年代のはじめのころのことです。

それがどういう時代だったかというと、たとえば、そのころ、私は中国の大学でビジネスを教えていたのですが、そのとき、ある教授が言うには、「私のこのメガネには、実はレンズがまだ付いていません。なぜかというと、そのレンズを付けるだけでも一ヵ月かかると言われたからです」と。

まだ、中国は、そんな時代でした。

で、そんな一九八二年のこと、この人はメタルフレームのメガネを買いました。レンズ付きです。そして、それを分解したのです。そして、この部品はここの店から購入しよう、こちらの部品はあそこの店から購入しようと、そういうことをやって、百個のメガネフレームをつくり売りました。価格は、三人民元（約四百二十円）にしました。

百個がたちまち売れたことで手応えを感じたこの人は、仕事を辞めて、自分のサプライチェーンをつくりました。もちろん、立ち上げには、かれのネットワーク、グワンシを活用しました。

それから二十年余、二〇〇五年には、彼の工場は二千四百万個のメガネをつくるまでになりました。

これが温州商人です。このようにして、かれらはビジネスをスタートさせます。

かれらのビジネスモデルを見ると、非常にシンプルかつ強力です。そして、常に学ぶ気持ちをもっています。

まず、圧倒的な顧客第一主義。次に、従業員。オーナーは三番目です。いちばん大事なのが顧客で、自分は最後なのです。

それが野心的な中国人のなかでも、とくに、温州商人が成功している大きな理由の一つでしょう。

3 グワンシは、どのように生まれ、根付いてきたか？

グワンシは中国に人類が住み着いて以来ずっと存在し、孔子がその理想の形を語った

では、このグワンシは、いつごろ生まれ、どのように中国に根付いてきたのか？　グワンシの歴史的・文化的起源を見ていきましょう。

グワンシは、前の項でお話ししたように、現在の中国に変わる際に、大いに活用されましたが、グワンシ自体はずっと前から存在していました。中国に人類が住み着いてからずっとです。つまり、『三国志』の時代より前、周の時代、孔子の時代の前からです。

日本や韓国と同じように、中国もやはり儒教から、すなわち、孔子の教えから影響を受けてきました。

儒教によりますと、社会においては、それぞれみな、ある定義された役割が与えられるとされます。中国においては、君子、官吏、父親、夫、息子ということで、五つの役割があり、皇帝は皇帝のように振る舞え、役人は役人らしく振る舞え、父親は良き父親らしく、夫は夫らしく、息子は良き息子らしく振る舞え、とされます。

そして、この五つの役割を横断しているのが、八つの道徳的な価値です。孝（父母に）・悌（兄弟に）・忠・信・礼・義・廉（清廉）・恥の八つです。

そして、この五つの役割と八つの徳行が組み合わされ、あるべき行動規範が示されているのです。

つまり、あらゆる人がそれぞれの立場で、この枠組み（構造）のなかで行動を規定されます。皇帝にも、いかに忠誠を働き、尊敬されるようにし、親切にすべきか、という行動様式があるのです。

これらは、自分がいかに他者とつきあうべきかという、自分の行動を規定していると同時に、他者にこのような期待をしてもいいという、他者の行動を規定しているものでもあります。

皇帝は皇帝のように行動しろ、というのは皇帝が他者と関わるときは皇帝がすべき関係性を保て、ということですから、つまり、それは、グワンシ的な関係性です。

このルールにきちんとしたがって行動できれば、いろいろなレベルの人といいグワンシ、いい関係が保てるというわけです。

日本でもリーダーや将軍に求められる行動規範があるでしょう。侍にも行動規範があったでしょうし、平民には平民の行動規範がありました。この八要素は階層を超えてすべての人に適用されるのですが、その人のポジションによって解釈が変わってきます。これが儒教の考え方です。

これが保たれれば、社会はバランスがとれて、調和と平安が訪れるというわけです。あらゆる人が求められる行動パターンをとるので、社会が安定するのです。

グワンシの中にある世界、関係は、いまも中国の人たちのひとつの理想である

というわけで、グワンシは歴史上ずっと昔からありました。中国に、共産主義というそれまでの何千年もの歴史とは異なる体制、つまり、みんなが一律平等で公平な社会にすべきだというルールが入ってきても、グワンシは消えませんでした。

共産主義、計画経済の哲学が浸透しても、その内部にグワンシは残りました。グワンシは中国のルーツですから、あの文化大革命のときですら消えることはありませんでした。文化大革命で孔子の銅像が破壊されたりしても、グワンシという資産は家庭内に残りました。人々のなかに根付いていたからです。

日本にもう侍はいないけれども、侍精神はどこかに残り、一部の人々にとってはいまも理想となっているのと同じです。

現代の中国人は、必ずしも孔子を信奉しているわけではありませんが、その理想は、日常の家庭関係や友人関係において実践されています。これを守れば調和をもって生きられますから。

逆に言うと、調和が崩れれば、問題が発生すると考えられているわけです。

つまり、なぜグワンシを実行しなければいけないのかというと、グワンシには、すべてのよい道徳的な価値というものが含まれているからです。

誰かとの関係を構築していくなかでは、やはり、その関係には忠誠を尽くさなければいけませんし、敬意をもたなければいけない。そして信頼しなければいけない。そして、何かをもらったら、お返しをしなければいけないと。

私たちは、温州商人たちのように、グワンシをつくるためのお小遣いを子どもに与えたりはしませんけれども、贈り物の習慣は教えると思います。贈り物をいただいたときには、それに対して忠誠の気持ちをもたなければいけないし、こちらも贈り物をしなければいけない、と。そうしたなかで、人との関係を構築していきます。

グワンシの他文化の「関係」との違いは、「移転」ができることと、非常に強い「互恵関係」

このように、関係構築のためのシステム、という点では、他文化圏との共通点も少なからず存在するグワンシですが、中国独自の側面ももちろんあり、それを理解しないままに中国社会に進出しようとした他国企業の苦難については、冒頭で述べました。

後で詳しく述べますが、ここで少しだけ触れておくと、中国におけるグワンシの特徴の一つは、それが、現在でも「移転」が可能であるということです。

たとえば、「私の友だちはあなたの友だちである。だから、それを移転することが可能である」ということです。

さらに、「非常に強力な互恵関係をもつ」ということです。何かいいことをしてもらったら、そのお返しに、いいことをしなければいけないということが強く期待される点です。グワンシというのは、非常に強力なものなのです。それは文化の一部だからです。多くの中国人の求めているもの、かれらが理想とする世界、理想とする関係のなかに求めているものが、埋め込まれているからです。

グワンシを形成する三つのベース

それでは、現在のグワンシは、どのようにつくられるのでしょうか？

先に、中国社会は、いわば、自分と家族を中心とした同心円のようなものだと言いましたが、そうした血縁だけがグワンシを築くのでしょうか？

グワンシをつくるものは、三つあります。

一つは血縁によるものです。すなわち、同心円の中心となっているものが、家族を中心とする血縁だということです。

これは、いわゆるエリート家系を例にとればよくわかると思います。

現代中国には、エリート・プリンス・グループ、太子党というものがあります。かれらの父親、祖父が非常に重要な人物であったり、指導者であったということで、国民はかれらの親に大きな尊敬の気持ちをもっています。

アメリカのケネディ家やフィリピンのアキノ家もそうですね。だから、アキノの場合には、上院議員だった夫に代わり、妻がその後、大統領になり、そして、いまは息子が大統領になっています。

ということで、血縁関係をベースに、その子孫がいい関係を維持するというのは、グワンシの管理という点で、非常に重視されています。

グワンシのもう一つのベースは、ルーツです。出身地が同じだったり、出身大学が同じだったりといったルーツです。

中国の有名大学といったら、清華大学です。官僚の多くが清華大学の卒業生で、清華大学出身ですねということで、お互いに関連をもちあうわけです。日本の東大の法学部卒業の人たちと同じようなものです。

必ずしも、出身地や大学の同窓などに限らず、同じ経験をしたことも、ルーツになります。北京に、ブラックアース「黒い土地」というレストランがあり、そこの壁には、人々が貼り付けたカードがいっぱい並んでいます。文化大革命のとき、どの村にいたのか、どの生産ユニットにいたのかということを貼り出し、同じ経験をした人を探していますよ、と言っているのです。

文化大革命の際は、一つの世代ごと、ある農村などに送られて、家族が離ればなれにならなければいけなかったなど、人々は、大きな苦しみを経験しました。だからこそ、同じ文化大革命を経験したということは、非常に深く大きな経験の共有となるのです。

グワンシのベースの三つ目は、志です。過去はともかく、将来に向けて、同じような志をもっていることです。先ほど例にあげた温州商人たちは、共通の資源や願望をもった人たちであったとも言えます。かれらは、共通の言語で強力な兄弟関係を育成し、地域の利害をコントロールする信用サークルを形成し、海外にも進出しました。

温州商人はもっとも成功した人々ではありますが、同じような状況にある都市は、中国に幾多とあります。温州商人たちのようなグワンシ、ネットワークを活用している中国起業家たちが、溢れるほどに存在するのです。

さらに、付け加えますと、これらは何らかの特別な要素によって形成されるのではなくて、自然に生まれているものだということです。

中国のグワンシは、組織と国のルールをも超越する

こうしてみると、グワンシは、他国にもある人々の関係と、程度の差こそあれ、さほど変わらないものに思われるかもしれません。

そこで、グワンシの特殊性をさらにご理解いただくために、社会的規則（ルール）との関係をお話ししましょう。

まず、次のページのチャートをご覧ください。点線と実線の違いにご注目ください。上が、通常の日本やアメリカの状況です。香港もそうです。

香港は中華圏とはいえ、ルールについては非常にはっきりとしています。日本や欧米諸国と同様、これをねじ曲げることはできません。もちろん、そのような状況下でも、個人的にほかの組織の人と関係をもつことはできますが、あくまでも点線です。実線で示された組織や社会のルールを超越することはできません。

「関係 (Guanxi)」は規則に浸透し、規則を凌駕する

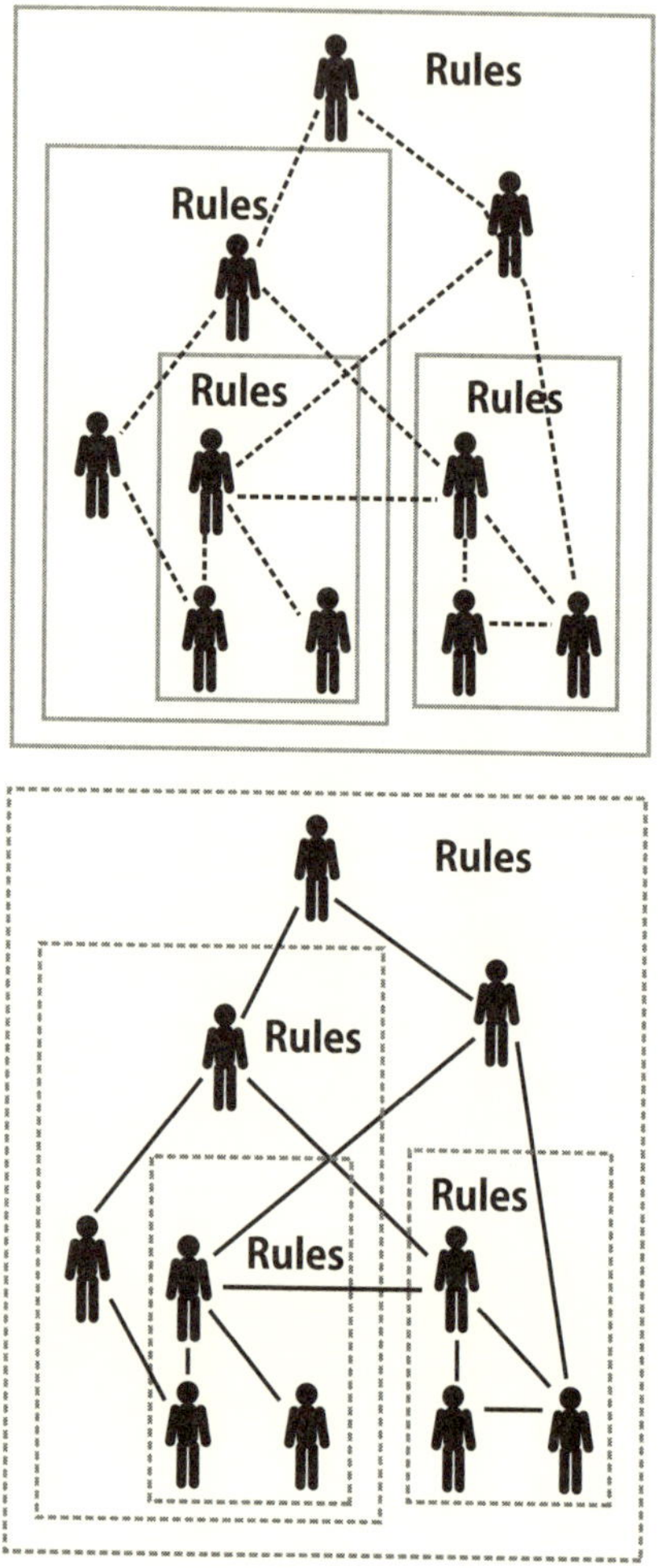

通常、私たちは、たとえば、友だちのよしみで仕事上の便宜を図るよう頼まれた場合、もちろん友だちとしては力になってあげたいけれども、それが会社にとって必ずしも有利な選択肢でない場合は力になることはできません。会社の規則だからです。

そういった意味で、私たちは、いろんなルールによって、さまざまな制約を受けています。もちろん、ルールだからできないと言ったからといって、その友だちとの関係が壊れてしまうわけではありません。その関係は維持されます。

つまり、この場合の個人的な関係は、ルールの下に来るわけです。地域社会や会社、あるいは、国のルールの下に位置します。

ところが、グワンシは違うのです。

個人的なグワンシが実線になり、会社や社会のルールが点線になります。

つまり、ルールもあることにはあるが、グワンシより弱い。すなわち、個人的な関係、グワンシのほうがより支配的であり、強力なルールを超越することができるのです。

これこそがグワンシです。

現在のグワンシのあり方は、一九七九年以降の特殊なもの

諸外国ならともかく、なぜ香港と本土は、同じ中国という祖国をもっていながら、違う状況になっているのか？

これは、たとえ香港には、その植民地としての百年の歴史があったとはいえ、グワンシというものが、何千年も前から存在し、中国人の文化となっていることを考えれば、不思議に思われるかもしれません。

これについては、やはり、現在のグワンシのあり方には、中国の一九七九年以降の改革・開放の流れとの関係があることを無視することはできないでしょう。

国がその政策を大きく変換させようとするとき、当然、ルールとそれを実行する機能が重要になります。けれども、すぐにはなかなかできるものではありません。最初のうちは、いろいろな欠陥もあれば、不備もあります。

つまり、一九七九年以降の中国では、ルールの部分が点線だったのです。改革・開放と言われても、国民は、ほんとうに不完全な、非常に官僚主義的な、また非合理的なルールのもとに放り出されたわけですから。

そこで、中国人は、自分たちのグワンシを使ったのです。それがあれば、ルールを曲げたり、あるいは、ルールを簡単に迂回することができるからです。

たとえば、互助の仕組みをつくったのは、温州商人だけではありません。いくつかの協会があって、そこに資産やネットワークがプールされます。

このとき、企業だけでなく、地方政府も加わることが少なくありません。中国では先ほどお話ししたように、多くの資源が地方政府にあり、地方政府が、誰がこの資源を使えるかというルールづくりをすることができます。そうやって企業といっしょになって、資源の管理と配分をします。そして、多くの場合、それが汚職、腐敗を生み出します。

でも、もとはといえば、資源を配分するシステムがないから、こういうことが起きるのです。システムがなければ、人々は、こういうつながり、すなわち、もっているグワンシのネットワークを使うしかありません。

中国はいま、変化を遂げていますが、システムがもっと強力なものになって、資源配分の制度がしっかりしてくれれば、かえって今後の中国の発展の妨げとなるようなグワンシは弱くなってくるだろうと思います。

つまり、もし、しっかりとルールができて、それがかなり合理的なものだとしたら、中国人でさえも、ルールが実線に、個人的なグワンシが点線になっていくということです。

このあたりについての詳しいことは、グワンシの功罪として、後の章でお話ししたいと思いますが、その前に、要するに、グワンシは、他国のソーシャル・ネットワークと、どう違うのか？　とくに、日本の「和」の精神とは、どこが違うのか？　次の章では、そこを中心にお話ししようと思います。

第2章 ◉ グワンシの、欧米や日本の人的「関係」との決定的な違い

デイヴィッド・ツェ

1 グワンシと他文化のソーシャル・ネットワークとはどこが違うか？

グワンシが他国の人的ネットワークと異なる極めて重要な三つの特徴

まずは、前の章でお話ししたことをまとめながら、グワンシと他文化のソーシャル・ネットワークとの違いを少しずつ、解明していきましょう。

次のチャートをご覧ください。

要するに、最初のニーズは、普遍的なものだということです。

生存すること。互いに尊敬しあうこと。助けあうこと。秩序とルールが必要なこと。

その結果、社会的なネットワークができあがっていきます。

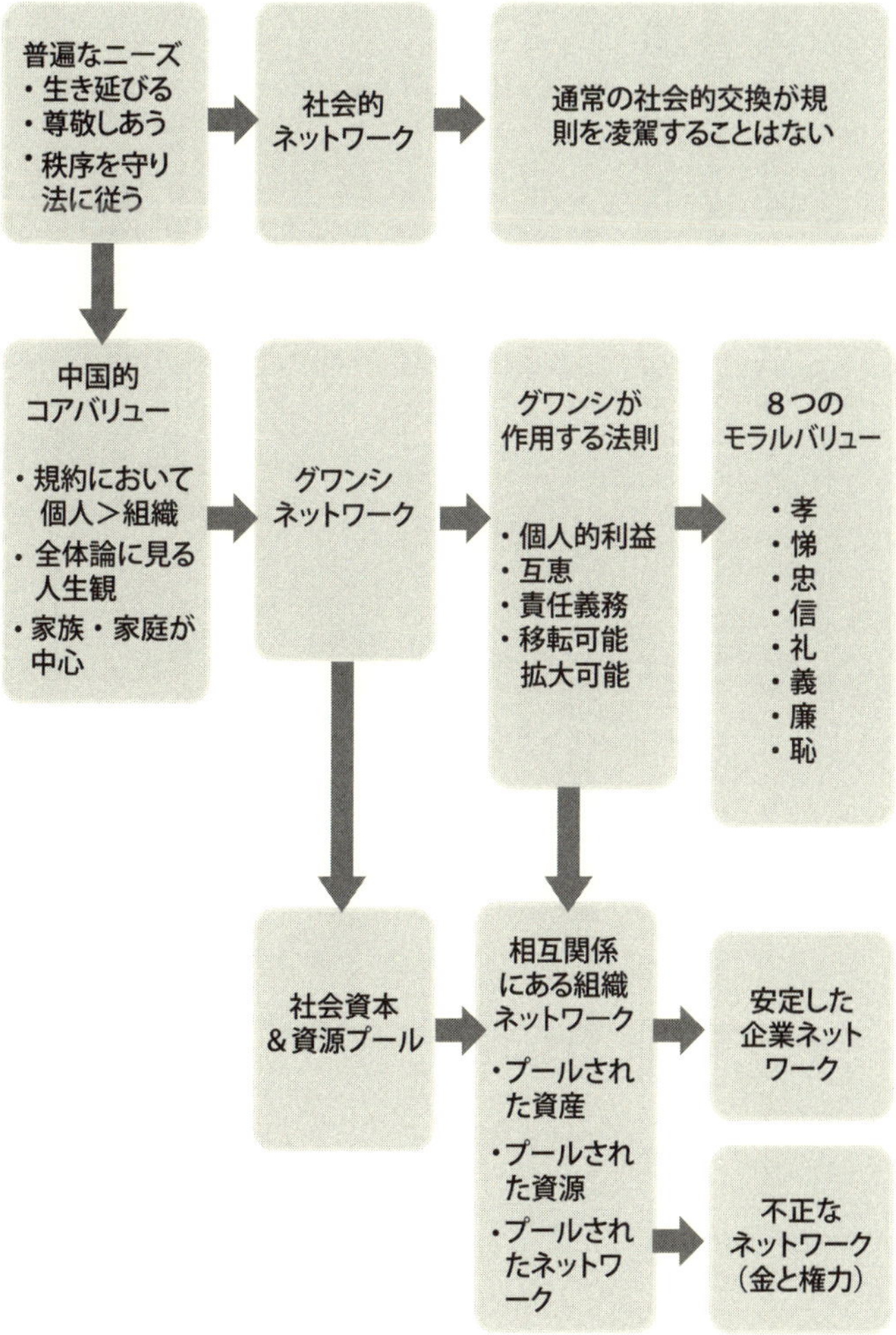
普遍なニーズ
・生き延びる
・尊敬しあう
・秩序を守り法に従う
社会的ネットワーク
通常の社会的交換が規則を凌駕することはない
中国的コアバリュー
・規約において個人＞組織
・全体論に見る人生観
・家族・家庭が中心
グワンシネットワーク
グワンシが作用する法則
・個人的利益
・互恵
・責任義務
・移転可能拡大可能
８つのモラルバリュー
・孝
・悌
・忠
・信
・礼
・義
・廉
・恥
社会資本＆資源プール
相互関係にある組織ネットワーク
・プールされた資産
・プールされた資源
・プールされたネットワーク
安定した企業ネットワーク
不正なネットワーク（金と権力）

これは、どの国でも見られるものです。日本もそうですし、アメリカもそうだと思います。しかしながら、ふつう、私たちはルールを超越するということはありません。

たとえば、親のゴルフクラブに入ったら、そこの支配人があなたの親にはお世話になったので、あなたのためにルールを変えてあげましょうとなった、ということは起こりません。これがふつうの関係です。

けれども、中国なら起こりえます。

前の章で述べたように、中国の文化というものが、このグワンシのネットワークのなかに織り込まれ、独自のルールをもつに至っているからです。

そのルールとは、

①お互いに助けあう。
②移転可能であり（友だちの友だちは友だち）、ゆえに、拡大可能である。
③そこでの利得を得ていい。

ということです。

①についていえば、互恵、相互的であるということです。AはBを助けたから、BはAを助けることが期待されるということです。この期待に応えることができなくて、自殺する人もいるほどの、それは、強い期待となっています。

②については、たとえば、中国人が上海から北京に引っ越しをします。すると、彼のグワンシのネットワークは拡大して、上海と北京を含むものになります。拡張するわけです。そして、ますます強力なものになります。

そして、③については、グワンシには投資が必要だということです。お互いに関係をつくって投資をする。場合によってはそれが賄賂にもなるわけですが、平時にはシンプルにプレゼントをします。互いに、相手に役に立ちそうなものを相互的に与えあいます。賄賂になるのは、非常に特殊な場合だけです。ただ、この非常に特殊なケースが往々にして腐敗へとつながります。

こうしてみると、ビジネスのなかで、このグワンシのネットワークが、重要な社会関係資本となりえたわけがわかると思います。友人を見つけることができ、その友人があなたをサポートすることができれば、そこから、ビジネスを始めていくことができるわけですから。

中国では、まさに、グワンシのネットワークがビジネスをスタートさせ、そして、拡大させていく「資本」となっているのです。

グワンシは、他の集団主義的文化、家族主義的文化とも異なる

このように、グワンシは、社会関係資本理論における社会関係資本（ソーシャル・キャピタル）として、中国の現在の経済発展に大きく寄与してきたことがわかります。

ただ、社会関係資本というのは、中国に限らず一般に、強い地域社会の連携があるところに、発生します。

たとえば、イスラエル、韓国、日本などの集団主義的文化、あるいは、イタリアなどのラテン系文化では、家族とか血縁関係から重要な社会資源を調達することが多く、家族的絆が重要な社会資源を構築していることが、さまざまな研究から報告されています。

そこが、中国のグワンシと似ているところですが、これまで見てきたように、グワンシは、他の集団主義的文化と共通する点があるものの、それでもなお、その機能はユニークであると言えます。

もちろん、日本とも大きく異なっています。

日本もまた、中国と同様、儒教の影響を受け、集団主義的文化をもつ国です。ところが、日本では、その集団主義が必ずしも、血縁とは限らない。というより、研究者の間では、日本は何世紀も前から、「非血縁的社会関係性」ともいうべき制度を構築してきた国であるとされています。武家でも商人でも、婿養子という形で非血縁的後継者を採用してきた歴史がそれを物語っています。

それらの歴史から、日本では、家族・血縁ではなく、企業といった、いわば、中間組織に社会資本を蓄積してきたと言えます。実際、そこでは、創業者や所有者とはなんの血縁関係もない社員たちが組織を経営するのは珍しくありません。

日本文化では、社会的一派(現在では企業。かつては、藩であり、幕府であった)への忠誠が、家族への忠誠を上回ってきたのです。

それでは、日本の「和」とグワンシは、どのように異なっているのか? もう少し、詳しく見ていきましょう。

2 グワンシと日本の「和」は、どこが違うのか？

次の表は、日本の「和」と中国のグワンシの違いを表にしてみたものです。ただし、日本の「和」については、日本人ではない私が、ごくシンプルにまとめてみたものです。簡略化しすぎているとお感じになる点もあるかもしれませんが、ご容赦ください。

中国の「関係 (Guanxi)」
個人優先、集団は後
個人または家族の生き残りと成長を重視
個人主義的コンセプトが個人により管理され、個人に報酬をもたらす
生まれ（血縁・地縁）、および成長する社会的サークルの両方を通じて形成

中国の「関係 (Guanxi)」
個人レベルを通じ、社会的スタチューを横断可
個人レベル
公式／非効率ー集団 非公式／効率ー個人
個人レベルで紹介可 （境界の拡張は急速）フレキシブル
オープン、社会的セッティングで会い、共通利益から始まってその後発展
より個人主義的 そのままの場合もあれば、一方が社会的スタチューを高めてより高度の「関係」ネットワークに上昇する場合あり

中国の「関係 (Guanxi)」
個人的手段で問題を明らかにし、時に個人的手法が唯一の解決策となる(仲裁者またはメッセンジャーとして)
重要、かつ個人ベース
個人的な変化にもとづき変更可
歪曲、もしくは個人による規則の凌駕が可能

日本の「和」と「関係 (Guanxi)」基本構造

	日本の「和」	
利益の優先性	集団優先、個人は後	
目的	集団の生き残りと成長を重視	
本質	集団のコンセプトが個人にアイデンティティ、機能環境、報酬を提供	
形成	集団のなかで形成され、集団の目的に奉仕し、集団レベルで継承	

機能の特徴

	日本の「和」	
成長と拡大	集団／公式レベルで、パートナーシップの適切なスタチュー	
信用	仕事チーム内部 (集団レベル)	
相互作用のルール	常に集団化（個人的であることは稀）	
ビジネスの始め方と紹介	公式または集団的セッティングにおける適正な紹介が必要 よそ者がいないのを好む	
関係の始め方	一定の紹介・形式があることを好む	
関係の継続性	集団内で一旦認められれば、その後は永久的にいつでも認められる	

興味深い対照性

	日本の「和」	
紛争の処理	非公式の話し合いで問題を明らかにし、解決策を探る (適当な仲裁者／メッセンジャーがいない場合)	
娯楽と社会的セッティング	人間関係の構築と「和」による紛争解決にとって重要	
契約への態度	ビジネス上の正当な理由があれば変更可 (了解されたルール)	
集団規則	集団レベルで適用される	

日本は、集団優先、個人がその次。中国は、個人優先、集団はその次。優先順位が違う

日本の文化の一番の特徴は、集団優先である、ということだと思います。

儒教の価値観は、日本と中国で共有しているわけですけれども、歴史のなかで、日本は、幕府を設けるなど、さまざまな集団づくりをしてきました。そして、現在の集団は会社であり、企業ベースでグループがつくられています。

すべては集団優先。そして個人は後回し。そういう状況のように見えます。

つまり、集団に利することをすれば、自分は尊敬される。そして、集団が生き残り、成長するなかで、個人もまた成長し、報酬が与えられる。これが、日本社会の機能の仕方だと思います。

これに対し、中国は逆です。すべて個人が優先です。集団は後回し。個人のほうが集団より重要なのです。

中国人にビジネス上のアプローチをすると、彼は、まず、こういうふうに考えます。そ

の提案の、自分にとっての利益は何なのか？　それから、その次に考えます。私の会社にとっての利益は何なのか？　と。

つまり、優先順位が違うのです。まず、個人、あるいは家族の生き残りが優先され、その利益の最大化を図ろうとする、それが中国人です。

日本の場合には、信頼は、グループ、集団同士で交わされるものです。この企業は、もう一つの企業を信頼する。この集団、作業グループはもう一つの作業集団を信頼するといった具合です。ところが、中国の場合、信頼といったら個人のレベルに限られます。組織の信頼というのは非常に弱いからです。

日本にも個人間の信頼は存在し、それが重要な役割を果たすこともありますが、多くが非公式です。これに対し、中国では、日本でいうところの非公式のレベルこそが、公式以上に重要となるのです。

でも、こうした状況になるには、そうせざるを得ない理由がありました。

中国の歴史を見てみれば、多くの戦乱のなかで、最初は、集団を信じていたのだけれど、失望を重ねていくしかなかった。そのなかで、まずは、自分と家族を優先するようになっていったことも理解していただけたらと思います。

現代になり、文化大革命にも、国民は今度はうまくいくかもしれないと期待しました。でも、うまくいかなかった。やはり、自分と自分の家族は、自分で守らなければならない、そういう個人主義になっていったのです。

中国の個人主義は、欧米の個人主義とは違う、家族主義に基づくもの

少し話はずれますが、以上のようなわけですから、中国の個人主義は、アメリカやヨーロッパの個人主義とも異なります。

アメリカやヨーロッパの個人主義というのは、すべてがプライベート、私的なものであるということだと思います。親もどうでもいい、子どももどうでもいい、配偶者もどうでもいいというような、極端な例もあります。

もちろん、すべてのアメリカ人がそうだと言っているわけではありませんし、多くのアメリカ人は非常に家族思いなのですが、でも、アメリカとかヨーロッパの個人主義というのは、もし極端に走れば、そういうことにもなりうるものではないでしょうか。

中国では、個人とはいっても、まず、家族のことを考えます。「家族のなかでの自分」という考え方をします。

これは、名前を見れば、明らかでしょう。

中国の場合（日本や韓国もそうですが）、まず苗字が最初にきます。

たとえば、私は謝（ツェ）という家族の名前である苗字がきて、次に、私の世代を示す二番目の名前がきます。で、さらに、その家族のなかで、私の兄弟と私はそれぞれのファーストネームをもつわけです。つまり、まず家族があって、世代の名前があって、そしてファーストネームがくるということです。

欧米の場合は、個人の名前が先にきます。私の名前は、ジョン・ブラウンだと。ジョンが最初で、ブラウンが二番目です。違いがおわかりいただけると思います。

つまり、中国人は、個人主義ではあるけれども、その個人は、家族のなかで定義されているのです。そういうことから、血縁、それから、地縁で結びついている。それらが、グワンシのベースとなっているのです。

日本人にとって、〈私〉は、〈公〉の外。
中国人にとって、
〈公〉は、〈私〉の集まったもの

日本との比較の話に戻りますと、前述のように、中国と日本の違いは、「日本はより集団的で、中国は家族と個人がベースになっている」ということだと思います。

前の章でも示したように、ある哲学者が言うことには、「中国では、我々はみな同心円をもっている」。

昔は、中心に個人がいて、その次に家族、その先に親戚……となっていました。あなたが私の家族ならここ、親類ならばここ、と中心から少し遠ざかります。同じ村出身だけれど血縁でなければここと、同心円状に拡がっていくのです。

もっとも自分に近いのは家族、そしていとこ、遠縁のいとこ……となって、忠誠心や報償などのお返し、愛情の強さもすべて、このレベルによって段階的に変わっていきます。

日本にも、個人的な愛着はありますが、たとえば、将軍と家族の狭間に立たされた場合、日本人は家族よりも将軍への敬意を優先するように思います。中国だったら逆で、家族が

中国人はみな同心円をもっている

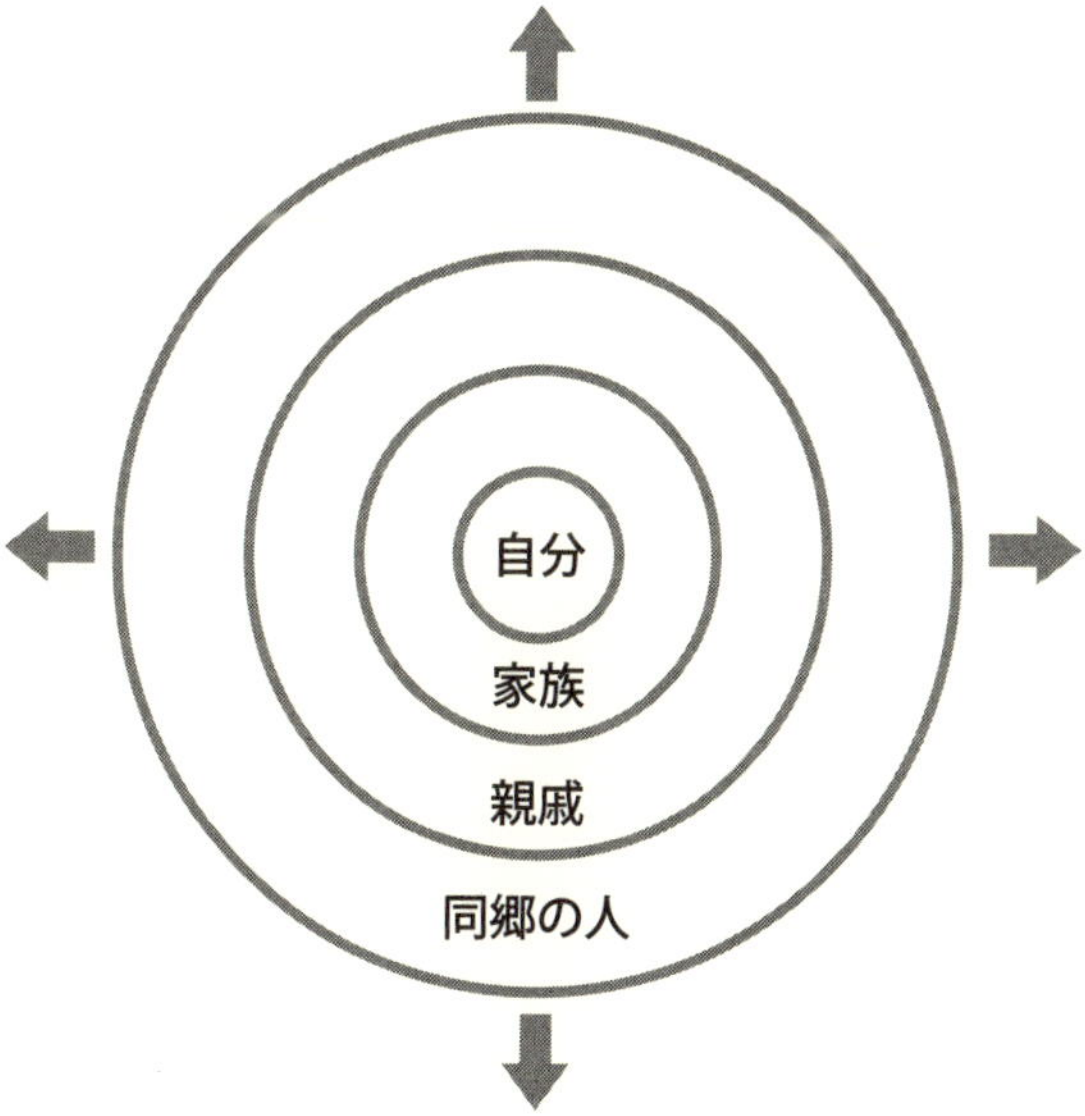

日本人と中国人の公私の概念

出典：溝口雄三『中国の公と私』研文出版・1995年を参考に筆者作成

優先されます。

これについては、溝口雄三東京大学名誉教授が詳しく研究なさっています。日本人の〈公と私〉は『日本書紀』の時代からあり、そのときからすでに、中国と日本は違っていたというのが溝口名誉教授の説です。

日本では〈公〉は家、共同のものを意味しますが、中国人にとっての〈公〉とは、個人が集まったものです。

日本人は〈公〉のなかには〈私〉がなくて、〈私〉は〈公〉の外にあるものです。〈公〉のなかに〈私〉を入れる中国とは、まったく異なります。

儒教によって、中国と同じ、忠（忠誠）とか仁（親切）が日本に入ってきたのだとしても、違うところに同じものを取り入れてきたということになります。

集団で得たものを、拡張させていく中国人。集団に縛られる日本人

さらに、日本と中国の違いを明らかにする例をお話ししますと、日本では、個人は集団の箱のなかにいますから、集団で得たものは、そのなかだけでシェアします。家族であっても、そのシェアを受けることはできません。家族は、その集団の箱のなかにはいないか

らです。

でも、中国では違います。個人から家族へ分配できます。そこから、さらに、同心円の外側に向かって、分配が拡張していきます。

日本だったら天皇や将軍、殿様などによって境界線が引かれてしまうような地点も、中国には存在しません。すべてが個人に帰着するので、その個人発の同心円に拡張できるのです。この枠は、仮にアメリカに行ったとしても拡張していきます。境界線に縛られないからです。

昔の中国では、自分の属する王国から違う王国へと拡張することもありました。孔子も一つの国から別の国へ移っています。一方、日本では、枠の外に出ようとしたら、もう忠誠心がない者のする恥ずかしい行為であるとみなされます。中国とはずいぶん違います。

つまり、日本の〈公私〉は、枠組み内に縛られるけれども、中国の〈公私〉は外に拡張することができるということです。

現在、日本では将軍の代わりに、企業や系列が、その枠たる集団となっていると言えます。たとえば、三菱グループとして、三井グループに対しては排他的になるというようなことです。

この個人の同心円の「拡張」については、よい面も少なくありません。

たとえば、私は中国南部の農家の出身ですから、最初の私の社会的地位は低いものでした。けれども、いまは大学教授になったので、地位が上昇しました。それによって、私の同心円も外側に向かって拡がりました。

このように、中国における〈公私〉は、貧しいところからそうでないところへと、違う社会層へも拡がることができます。

こうしたことは、〈公〉のなかに〈私〉のない日本人、企業や組織にいったん属すると、その〈公〉で立ち位置が定着し、その枠のレッテルからなかなか出ることを許されない日本人には難しいことかもしれません。

ところで、この章の最初に、グワンシの特徴として、次の三つをあげました。

①お互いに助けあう。

②移転可能であり（友だちの友だちは友だち）、ゆえに、拡大可能である。

③そこでの利得を得ていい。

いま、同心円の「拡張」と「利得」のことをお話ししましたが、①の互いに助けあう互恵関係も非常に重要です。中国では一般的に、「親戚に貧しい人が三人いたら金持ちにはなれない」と言われています。逆に「親戚に金持ちが三人いたら、貧しくなんてなれっこない」とも言われます。

この同心円に、分配の義務があるからです。貧しい親戚が三人いたら助けるのが義務だからです。雇用の機会を与えるなり、仕事を探してやるなりしなければならない。だから自分は金持ちになれない。

でも金持ちの親戚が三人いたら、その人たちが絶対助けてくれますから、貧しくなりようがないというわけです。

3 中国社会と日本社会は欧米社会とどこが違うか？

法の下に個人の平等を理想とする欧米社会ともともと人間は平等ではない儒教社会

欧米は、個人主義社会だというけれども、一方で、ハーバード大学などのアイビー・リーグには、強固な学閥ネットワークがあるとも言われます。それは、中国のグワンシ・ネットワークとどう違うのか？

そういう質問をよく受けますが、これについては、欧米人は、基本的にはすべての人が法の下に同じグループに属している、と言うことができる点ではないでしょうか。

つまり欧米社会では、法体系が非常に大切で、あらゆる集団の上にくるのです。

アリストテレスもプラトンも、「あらゆる個人は平等でなければならない」と言っています。どこにも義務関係はありません。平等が大事なのです。

けれども儒教社会では、もともと人間は平等ではないのです。神の下の平等もない。将軍の家族や天皇の家族に結びつけられているのですから。

中国でも日本でも、教育によって社会的地位を上昇させることはできます。そこは似ています。でも、欧米では、全員が平等で、協力しあうことが原則です。

さらに欧米では、集団を築いたとしても永続的ではありません。もともと利害をベースとした集団、理由があってのネットワークですので、その理由、利害関係がなくなれば、ネットワークが崩れることもあるというわけです。実際、よくあります。

でも、だからこそ、アリストテレスやプラトンによれば、開かれた平等で公平な社会になるわけです。そして、これが現在は、国際的・人道的なニーズに合ったものと考えられています。

つまり、ギリシャ哲学に則った形が、いまも欧米全体に適用されているのです。みんな平等でなければならないし、機会はみんな平等に与えられなければならない。

そう考えると、中国と日本は違うとはいっても、欧米よりはやはり近いのかもしれません。日本も中国も、市場経済とはいっても排他的です。終身雇用でグループだけでやっているというところが、中国と日本はとてもよく似ているとも言えます。

利害だけで結びついているわけでない。集団社会の上にある運命共同体社会（ゲマインシャフト）という意味では同じです。

その点では、日本人のほうがアメリカ人よりもずっと簡単に、中国経済の仕組みを理解できるはずだと、私は思っています。

次に、欧米文化の社会的ネットワークと中国のグワンシ・ネットワークの比較を表にまとめておきましたので、ご覧ください。

中国の「関係」ネットワークと欧米文化の社会的ネットワークの比較

構成概念として	欧米文化の社会的ネットワーク	中国の「関係」ネットワーク
構成概念としての本質的特徴	▶個人が形成する社会的ネットワーク	▶中国文化で一般的な社会的紐帯・結びつきの一形態
文化的コンテクスト	▶個人主義的 ▶法的・職業的制度が確立している	▶集産主義―家族主義 ▶家族の結びつきがその他すべての社会的結びつきや忠誠に優越
機能ルール（規範）	▶意識的な社会会計、行動前の費用便益分析および選択肢の検討を含む	▶個人を社会的関係の網の目の一部とみなす仲間内の排他的アプローチ、強い仲間びいき
最初の形成	▶通常、個人が形成。社会的行動や活動を通じて	▶本質的に家父長的、家族・村落から発生
成長と拡大	▶通常、個人の社会的活動の増大を通じて	▶社会的活動の増大とネットワークの成長を通じて。移転により拡張可
機能メカニズムとプロセス	▶信用と社会的規範が協力とコミットメントを促す	▶仲間びいきと相互依存がコミットメントと忠誠を促す
社会資本（の源泉）	▶補完的スキルを有する個人または企業からなる自発的団体 ▶緩やかな組織 ▶ほとんど行われず、例外的	▶親族関係とその変形 ▶強固な社会的紐帯 ▶よく行われ、標準化
企業資源として	▶ほとんど利用されず	▶他に資源のない企業家や企業にとって重要な資源

出典：Dr. David Tse, Flora Gu, Kineta Hung
"When Does *Guanxi* Matter? Issues of Capitalization and Its Dark Sides"
Journal of Marketing, July 2008

中国人と日本人の自殺の理由。家族に対する恥か？会社に対する恥か？

先日、ある人に指摘されて気がついたのですが、たとえば、中国では何かをもらったのにお返しができないことを恥じて自殺する人がいる一方で、日本では、会社の取引での責任をとって自殺する人がいます。どちらもいたましいことですが、それらは、ある意味、似ているとも言えます。

たとえば、中国のフォックスコンの工場では、自殺者が多くて話題になっています。もともとは、台湾の会社ですが、従業員は中国のいろいろな地域から来ています。

最初、かれらは工場で働くのだから明るい未来が開けていると考えたのでしょう。ところが工場から一歩外に出ると、なんの支援もないということに気づいた。それで個人個人でその状況にうまく対応できなくなった。そして、自殺してしまうわけです――家族に対してメンツが立たないと。

日本との違いを言うと、フォックスコンで自殺しているのはとても若い労働者たちだという点です。日本の場合、仕事の理由で自殺するのは、若い人より、会社の上のほうで責任のある地位にいる人のほうが多いのではないでしょうか。自分の決定なりで失敗してしまったとき、責任をとって自殺してしまう……。日本は何でも企業、会社単位なのです。日本では会社に対して恥を考えるのです。でも中国では、たとえば、「私」の恥は家族に対してです。つまり、日本では、個人的レベルにあったグワンシが企業にとって代わられているとも言えます。

ただ、「恥」という発想は、儒教からきているもので、欧米にはありません。日本、韓国、中国だけのものです。そういう点では、日本と中国は実はよく似ています。欧米とは違っています。

ただし、グローバル化のいま、東西の融合も起こっています。私の息子はアメリカで教育を受けました。そこで、個人主義を学びました。でも、後になって中国で、家族も大事だということを教わりました。

多くの文化が融合されつつあるのが現代です。お互いに理解が深まっている途上だと思います。

第3章

グワンシの負の部分からいかに逃れ、その利点をいかに活用するか？

デイヴィッド・ツェ

1 グワンシの最大の機能とは？

この章では、グワンシの機能についてお話しします。すでにお話ししたことと重複する部分もあると思いますが、新しい概念について理解していただくときは、螺旋状に話を進めていくことがよくあります。ご了承ください。

システムが未整備な状況では、グワンシが資源をプールし、再配分してきた

さて、すでにお話ししたように、グワンシの最大の機能は、資源のプーリング（蓄積）と再配分です。

おや、それはそもそも、政府の仕事ではないか？

そうです。それがなぜ、個人の「関係」からなるネットワークであるグワンシの機能と

なっているのか？

まずは、その背景から「復習」しましょう。

何度もお話ししているように、中国では、個人は自分自身の同心円を中心に生きています。社会がうまくいっているときは、みな幸福なので問題は起こりません。社会的地位は守られ、価値観がしっかりあり、それぞれが自身の「徳行」を実践しています。

ところが経済的に厳しい時代に入ると、同じ村のなかや大家族のなかでも全体の生産量が減って、競争せざるを得なくなります。同心円のなかで誰が自分により近いか、遠いのは誰かという判断をしなければならないときもあります。

前章でもお話ししたように、物事がうまくいっているときは、グワンシは助けあうように機能しますが、悪いときは、自分たちの利益を守るように働くのです。

自分の家族を守り、その次の円を守り……というふうに、です。全員には行き渡らないので、よそ者にあげるより家族にあげたほうがよいと判断するわけです。

すなわち、生産量がたっぷりあればみんな幸せですが、資源が足りないときはグワンシ自体が分配法を決めるルールになる、そういう合意があります。そして、グワンシのなかでのレベル（円の中心からの距離）の差が、資源を分配するルールの土台になります。

家族に分け与えるのは当然だが、外側の人にあげる必要はないのです。例外的に自分にとって非常に重要な人にあげる場合もありますが。

一九七九年以降の改革・開放政策を受けて、個人レベルの唯一の資本として、グワンシが用いられる結果となった

もちろん、これは、資源配分するほかの機関・制度がない、あるいは、あっても機能していない場合に見られることで、同じ中国でも、香港のように法制度によって分配システムが機能している場合は、こうしたグワンシによる分配システムの働きは非常に弱いものとなっています。

実際、現代中国では、一九七九年より前は計画経済で、中央政府が、いま国全体で何が必要とされるかを管理し、割り当てていました。

それがかつてのやり方。つまり、共産主義時代のやり方でした。一度分配されれば問題は起こりませんでした。

ところが一九七九年以降、この制度は非効率的になりました。長い間続いていたので、

欠点が目につきだしたのです。そして鄧小平は、来日したときにそのシステムの誤りを認めざるを得ませんでした。かつて一九一一年、あるいは一九五一年に、中国は、計画農業など、ロシアのシステムを使って発展しようとしました。でも、それから長い時間を経て、はじめて目にする日本の繁栄ぶりに、自分たちがとってきたシステムが間違っていたことに気づいたのです。

そのとき鄧小平が言った有名な言葉が「一国二制度」です。中国特有の経済体制です。計画経済は分配面でうまくいっていない。人々に平等に富を分配できていないないし、国家全体にとってもうまくいっていない。このことはすでに理解されていました。

けれども、すべてを一度に変えることはせず、一方では中央集権的な計画経済を採用し、他方では違うシステム、すなわち個人企業体を与えることができるようにしたのです。

けれども、急にそう言われても……だって、それまでは、何もかも国のものでした。個人は何も所有していませんでした。家も、あらゆる持ち物も、すべて国のものだったのです。個人の所有権というものはなく、家も牛も、自分のものではありませんでした。すべて政府のものでした。

それが、突然、個人が自分でお金を稼いでよいということになったのです。

でも、どうします？　個人は稼ぐための資金も設備も物も、何ももっていないのです。自分の子どもですら国の子どもだったんですから！

何一つ所有していなかったなかで、唯一もっていたのが、個人的な人間関係でした。

そして、それが、中国国民の唯一の経営資源となりました。

清朝崩壊後、共産主義が生まれるまでの混乱の四十年間もグワンシの支配力が強まった時代

このように、経済体制が共産主義から資本主義に変わったとき、グワンシがその補完の役割を担いました。では、一九一一年に清朝が崩壊してからの四十年間、そして、一九五一年以後の共産主義社会において、グワンシはどのように機能していたのでしょうか？

まず、最初の四十年間は、非常に腐敗していたと思います。

清朝に代わって、孫文は三民主義という理想を掲げました。民族主義、民権主義、民主主義の三つの「民」です。これは新しい考え方でした。なぜって、清朝下では、清の皇族が一番上に君臨し、そこから清の支配民族である満洲族、そして残りの民族や地域に下り

ていったからです。

当時、ヨーロッパでも日本でも、首相と皇族が二つのバランスをとって国を支配する混合体制となり、それによって、日本も近代化に成功していましたが、中国では清朝が唯一の支配者として、近代化を拒否し、そのために中国人民はひどく苦しみました。

これをほかの帝国主義国家が利用しはじめ、清朝体制は崩壊。そして、孫文が、西洋からの支配から脱すると同時に西洋の精神に則った近代化をしようと、三民主義を唱えたわけです。

でもこれが軌道に乗るまで、中国は完全に混乱していました。このままではいくつかの軍閥によって分裂してしまうと、昔のような帝国の再建を考える指導者も現れたほどです。

その、清朝から共産主義への過程の三、四十年の間も、安定したルールはなく、きちんと機能する制度や政府もなかったわけですから、結果として、グワンシが生存のために支配的になりました。そのときすでに現在につながるような形で、グワンシが強化され、グワンシの持続可能性が高まったと言っていいでしょう。

繰り返しますが、システムのないところでは、自分の身近な人たちから助けていくしかなかったからです。

そして、次が、先ほどお話しした開放路線以降です。かつてのシステムは機能しないとみんなが気づいたものの、自分でビジネスを始めようとしても、スタートアップのためのお金や資源をまったくもっていない。あるのはグワンシだけ。それでグワンシが起業のための資本になりました。かくしてグワンシは、文字どおりの社会関係資本（ソーシャル・キャピタル）となったわけです。

資本となっただけでなく、ルールともなりました。そこに蓄積する資源の再配分を決定するものとなりました。グワンシは大企業や経済団体のように、ルールをもつものとなったわけです。グワンシ・ネットワークは家族のように強固です。以前のルールが通用しない、つまり、誰も従おうとしない限り、ここで浸透させるルールを見つけなければなりません。だから、グワンシのルールが浸透することとなりました。

ルールは、一度浸透したら、その後は、ルール自体が機能しはじめます。

家族から、これをちょっとあげて、ちょっと助けあってねと言われると、それは、政府がつくった制度を超え、支配してしまうわけです。

ルールは、インサイダーを、アウトサイダーから守るためのもの。そして、グワンシは生き続ける

でも、完全に制度がなくなったわけではありません。いまの中国にも制度はあります。ただ、それはインサイダー(自己人)を、アウトサイダー(外人)から守るためのものです。内外人両方を満足させるのは難しいですから。

でも、同じようなことは、日本の人たちもしていると思います。

たとえば、ある日本企業に、とても近い関係にある人が取引を申し込んできたとします。その企業はその人に対して、できる範囲で便宜を図るでしょう。で、そこに、何のつながりもない外部の人がいきなり近づいてきたらどうしますか? 「すみません、できません。会社の規則(ルール)ですから」と言うはずです。

日本でも、おそらくは欧米諸国でも、やはり、規則が真っ先に摘用されるのはアウトサイダーだと思います。

ただ、それでも、日本は、個人の人間関係のルールより会社のルールのほうが強い。

中国とは逆です。だから、日本人から見ると、中国人は、社会のルールが通用しない困った人たちに見えるかもしれませんが、中国人からすると、日本人は、会社に敬意を払いすぎているという点で、無礼に見えるのです。

つまり、グワンシはずっと存在し続けてきたし、これからも続きます。ただ、それが支配的になるかどうかは、その時代、その時代の社会のシステムがうまくいっているかどうかで決まります。

社会のシステムがうまくいっていないときは、グワンシが機能する隙があるけれども、システムがうまく機能しているときは、グワンシの機能は弱まります。システムで十分回るのだったら、わざわざグワンシを使わなくてもいいわけですから。

グワンシ自体が社会のシステムを変えることはないでしょう。

グワンシの目的は、あくまでも個人的に利益を得ることです。だから、社会システムがうまくいっていて、社会全体に利益をもたらすと同時に、個人にも利益をもたらしているうちは、グワンシの機能は弱まります。社会のシステムがうまくいっていないときだけ、グワンシは機能するのです。

今後も、ルールの下で、それを補完するものとして、機能し続ける

ここまでのことをまとめてみましょう。

グワンシはシステムが機能していないときに、代替手段として発達します。システムがしっかりと整備されたらグワンシは自然消滅する、と言っている論者がたくさんいますが、これについては、私は賛成できません。

そこには、三つの恩恵、すなわち信頼、情報、コントロールが組み込まれているからです。この三要素がきちんと活用されれば、ビジネス・レベルでも有用な資本になるので、グワンシは消滅することはありません。

でも、グワンシが消滅しないのは、それ以上に、それが文化の一部であり、中国人の人間関係の基礎だからです。自分のアイデンティティの基盤にもなっています。

つまり、個人は自分の周りの人間関係で規定されるのです。いったん規定されたら、その人はそうした関係性に組み込まれ、これが消えることはありません。

親類が助けを求めてやってきたら、私は絶対に助けます。そういう意味でグワンシが廃

れることはないでしょう。中国文化の一つだからです。香港ですら完全に廃れることはないと思います。

私の勤務する香港大学商学院で教員を募集したとき、私の昔からの友人が志願してきました。でも、私は彼のために便宜を図ることはできませんでした。ほかの志願者と比べて優秀とは言えなかったからです。そこは公平です。ただ、ほかのもっと適したポジションを教えてあげるなど、見えないところで助けることはできます。

香港のグワンシはそんなふうに使われています。香港では、ルールとグワンシの両方を機能させようとしています。ただし、ルールのほうが個人的な人間関係よりも重視されている――今後、中国のグワンシも、このような形になっていくでしょう。

急激な技術革新と市場競争の激化が、グワンシの影響力を相対的に弱体化する

いまは中国も変わりつつあります。かつては病院などで大きな物品を購入する場合、どの企業から買うかはチーフ・オペレイティング・オフィスが決めていましたが、いまはどの企業もコンペを取り入れています。公に募集をかけて、企業に競争させるようになりま

した。徐々にルールが重要になってきているのです。

それは、いくつかの大きな腐敗事件などにも表れているように、これ以上、グワンシに資源の主要な再配分の機能を担わせることの非効率性が目立ってきたからでもあります。

実際、私が他の研究者とともに二〇〇九年に行った調査によると、グワンシは相変わらず、その販売流通経路の開拓と維持、国や地方による制度の変更に対する迅速な対応という二点については影響力をもち、直接・間接に、企業の売上げに効果を及ぼしていることがわかりました。

一方で、最近の**急激な技術革新と市場競争の激化という二大要素は、グワンシの影響力を弱めている**ことも確認されました。

技術革新が急激に進む産業においては、グワンシで結ばれた古い技術しかないパートナーよりは、グワンシはなくても最新の技術をもったパートナーを選んでいかないと、生き残れません。

同様に、価格競争の激しい市場では、グワンシ・ネットワークを通じての仕入れより、もっとも安く良質な商品・サービスを提供できるところからの仕入れを優先させていかないと、企業そのものの生存が脅かされてしまうからなのです。

これらのことは、『グワンシ　その有効活用と負の局面について（“When Does *Guanxi* Matter? Issues of Capitalization and Its Dark Sides”）』と題する論文にまとめ、発表しました。詳しくは、巻末に抄訳を載せましたので、ご覧ください。

次に、中国ビジネスに携わる者として、必ず知っておかなければならない、グワンシの代表的な負の部分、すなわち、腐敗事件についてお話しします。

企業と政府にとってのグワンシ

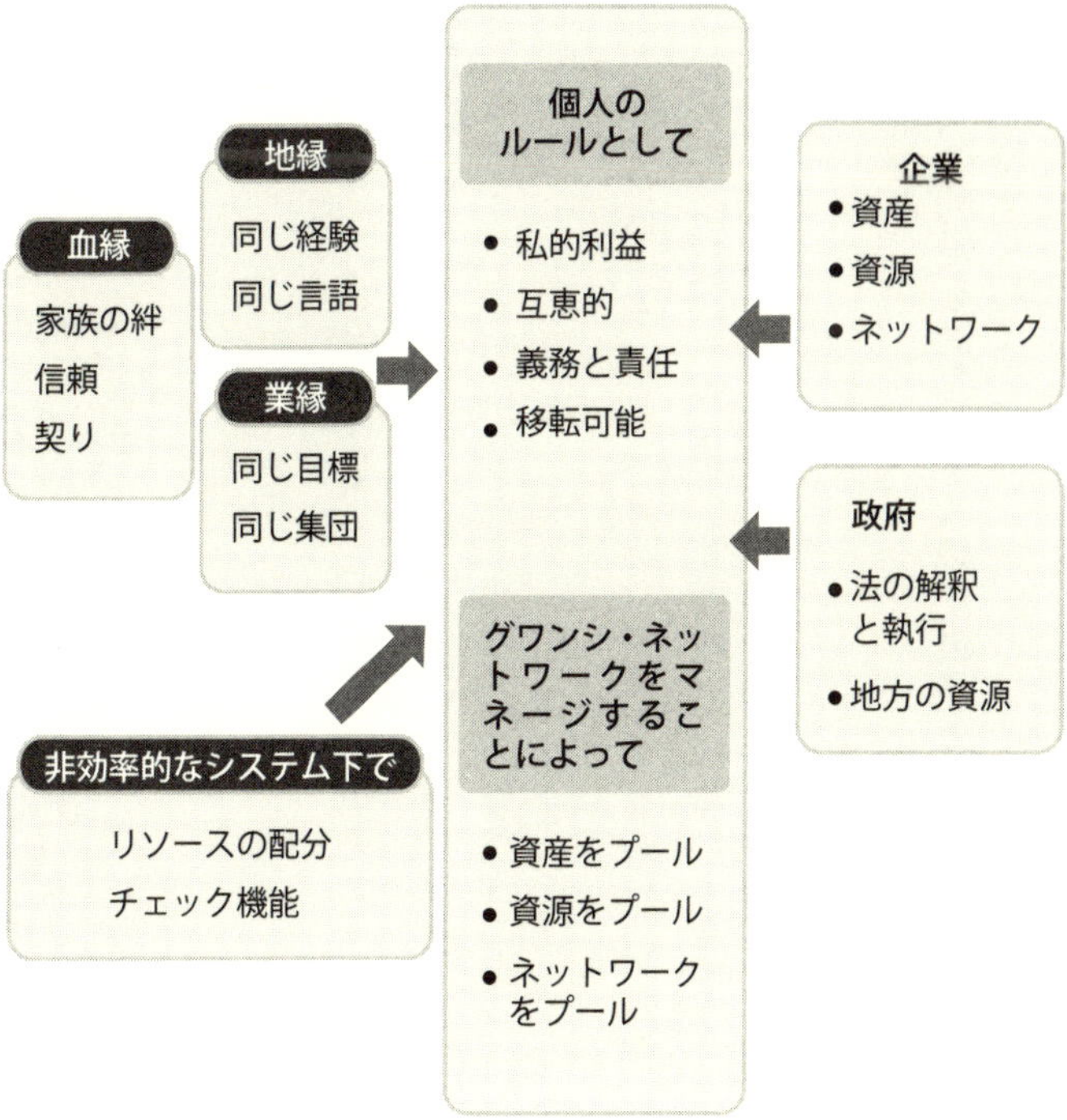
個人のルールとして
・私的利益
・互恵的
・義務と責任
・移転可能
地縁
同じ経験
同じ言語
血縁
家族の絆
信頼
契り
業縁
同じ目標
同じ集団
企業
・資産
・資源
・ネットワーク
政府
・法の解釈と執行
・地方の資源
グワンシ・ネットワークをマネージすることによって
・資産をプール
・資源をプール
・ネットワークをプール
非効率的なシステム下で
リソースの配分
チェック機能

2 グワンシによる腐敗事件、どんなことが起こっているのか？

前の章で、グワンシを活用することで成功した温州商人の例をあげましたが、そこで示したように、グワンシには、個人のレベルでそれを高めることによって、企業のコンピタンシーとしていくことが可能だというポジティヴな側面がある一方で、やはり、ダークな側面もあります。

個人的な意味合いの強いものだけに、利益を得るのは当事者個人のみになってしまうという点から生じる腐敗は、かなり広範囲かつ、根深いものになりがちです。

ここからは、グワンシのマイナス面に注目していきたいと思います。

法制度の未整備と集団より個人の利便を優先させるのが当然という文化的背景が腐敗を起こしやすくしている

理解を深めるために、ここで、もう一度、グワンシと日本の「和」との違いを復習しておきたいと思います。

75ページの表をご覧ください。

日本では、集団での協力が重視されます。一方、中国では必ず集団より個人が優先されます。これが日本と中国の大きな違いの一つでした。

この根底には、日本では、集団が成功すれば、それに個人の成功も伴う、という考えがあるからです。集団が個人に報酬をもたらすし、もたらすだろうという個人の期待が成り立ち得ています。

でも、中国人の考え方は違います。「集団が大事なのはわかる。給料を払ってくれるだろうから。でも払ってくれないかもしれない」、あるいは「払いが十分でないかもしれない。だから自分でなんとかしなければならない」。こういうふうに考えるのです。

なぜかといったら、中国ではルールがきちんと整備されていないからです。ルールがきちんとしていれば、払いが悪いというような問題は起こらないでしょう。

そして、こういう問題が起こるのは、集団腐敗しているからです。

中国人はビジネスのなかで賄賂をもらった場合、これを自分個人に対する報酬と考え、自分が属する集団や会社へのものとは考えません。日本でも、賄賂や汚職はありますが、それは、集団のものを自分個人が着服している、という認識を伴ったうえでの犯罪行為です。もともと、当然自分のものだと認識する中国人とはそこが違います。

もう少し、詳しく説明しましょう。

企業がサプライヤー企業から何かを購入する計画があるとします。この際、サプライヤー企業は、その購入を表明している企業の社長など決定権のある代表や現場の責任者に、なにがしかの贈り物をします。これはどの国でも起こります。

そして、サプライヤー企業に、会社Aと会社Bがあって、ルールが明確な場合、たとえばAの商品のほうがBの商品より優れていれば、あるいは業績、契約条件その他が優れていれば決定は簡単です。どの程度の贈り物、接待をしてくれたかどうかとはかかわりなく、「条件を比較する」というルールに従って決めることができます。

ところが、こうした三つの比較条件が存在しない場合はどうでしょう?

代表は何を基準に決めてもいいわけです。チェアマンやメンバー自身の勝手な選考条件で決めることができます。そして、事実、チェアマン同士が結託したりします。

もちろん、中小のオーナー企業の社長だったら、決定する責任と権限があり、好きなように決められるでしょう。でも上場企業だったら、それなりの決定システムがありますから、それに従わなければなりません。政府や地方政府なら、なおさらです。

でも、ルールがなかった場合、自分たちで変えることができます。

この場合、二つの原因が考えられます。

一つは、現実に法律がない場合。選考の基準もなければ、そういうことをすると、これこれの刑罰を受けますよ、という法律もない場合です。

もう一つは、より現実的です。たとえば、採用試験で、五人の選考者が採用にあたるとします。応募者はみな優秀で、能力だけでは決めがたい。そのなかで、一人は自分の親戚だったとする。すると、この人は親戚なんだからほかの志望者より信頼できる、と考えることは、悪いことだとみなされません。それどころか、ほかの選考者も、信用は非常に大事だ、だからこれは選考の助けになる、と言って賛成するのです。

日本の収賄事件とどの程度違うのか？　まだピンときていないかもしれませんね。これから、近年の腐敗の事例を取り上げましょう。

福建省の頼昌星。上海の陳良宇。地方政府の利権が引き起こした巨大不正事件

まず、福建省の頼昌星。実業家である彼は、地方政府役人に賄賂を贈り、大がかりな不正事件を起こしました。

どういうことかといいますと、福建省の地方政府には、土地の売買に関するルールがいろいろあります。その利用法によって価値の付け方が異なっていたりします。

たとえば、土地を売る際に、地方政府が当初、「ここは農地利用のみの土地だ」と言っていて、それが三百万人民元だったとします。で、三百万人民元で、福建省からその土地の権利を買います。

ところが、後になってその土地を「商業地にしてもよい」と地方政府が言ってくれたりすると、土地の価値は一気に三千万人民元になります。このように、地方政府が土地の規制をどんどん変えることで、その価値を自在に変えることができます。

もし、こういう情報を事前に手に入れていたら？　まさに、濡れ手に粟のボロ儲け。何もしないで、莫大な利益を得ることができます。

頼氏は、地方政府に賄賂を贈ってこういう情報を手に入れ、ビジネスをどんどん大きくしていきました。そして、レッドハウス（赤い館）と呼ばれる家を建てました。文字どおり、赤く塗られた家、いかがわしい商売をする建物です。

さらに、頼氏は、輸出入を手がけようと思いましたが、中国では現在、許認可を得た会社だけが輸出入を営めます。許認可を与えるのは、地方政府です。そして、それにかかるお金は、ミッキー・マネーと呼ばれています。

頼昌星の事件が公になったのは、数年前のこと、朱鎔基首相が福建省を訪ねたときのことです。

頼氏は首相と会うと、こともあろうに、「何十億元欲しいですか」と聞いたのです。百万元ではありません。十億元単位（一元は約十四円）。

首相は何も答えませんでした。周りには少数の人しかいませんでしたが、地方政府の人に話が広がってはいけないと思ったのでしょう。

そして、福建省の外に出てから、北京から連れてきた役人たちに言いました。

「この地方にはびこる腐敗を一掃しなければならない」「最低四十人は処刑しないと」と。

北京政府は、この地域の腐敗対策のために特別部隊を組みました。頼昌星は、もちろんこの情報をグワンシづてに入手し、逮捕される前に、カナダに逃亡しました。いまもカナダにいるそうです。

同様に、上海の陳良宇の事件もよく知られています。なにしろ、陳良宇は高官、党委員会書記でした。上海市長も務めました。かれら一味が着服した公金は、数十億人民元とも言われます。

上海が急成長したので、巨大な土地を手に入れるために、自分でルールを悪用したのです。いろいろな手段を使って土地から人を追い払って自分のものにし、後で企業などに売ったのです。大きな不正事件です。現在、服役中です。

このように、腐敗事例の多くは、企業幹部や地方政府の役人によるもので、現在、地方対中央での、グワンシをめぐる戦いになっているとも言えます。結局、地方政府が直接、規制などを管理しているので、こういう事態になってしまうのです。中国の法制がより厳しくなれば、この手の事件も減ると考えられています。

もちろん、中央政府のなかにも腐敗はありますが、それでも、現在の中央政府は腐敗の摘発と一掃にコミットしていると思います。しばしば問題があるのが、地方政府です。

3 グワンシの何が問題か？

グワンシのマイナス面。破壊的効果、集団的盲目、ドミノ倒し、企業の不安定化とイメージ悪化

「腐敗」事件というのは、グワンシの典型的なダークな側面ですが、より構造的なマイナス面もあります。整理してみましょう。

まず、グワンシだけに頼ってしまうと正当な方法でビジネスをやろうという意欲が削がれてしまうことです。これを「**グワンシの破壊的効果**」と呼びます。

実際、これは、私たちが出した研究論文（巻末参考資料「グワンシ　その有効活用と負の局面について」の章を参照）を見て、コンタクトしてきたドイツ企業からの指摘でも明らかになったことでした。

その会社でも、適切な人たちを雇い、かれらのグワンシを活かしてビジネスを獲得する、ということをやってきました。けれども、あまりそのグワンシの効果を強調しすぎると、かえって破壊的な結果を生む可能性があるというのです。

つまり、すべてはグワンシ次第で、ほんとうにすばらしい製品をつくっていても、まあまあな製品をつくっていても、あるいは悪い製品をつくっていても関係ないのだとしたら、企業はそれ以上、成長しようとするだろうか、という疑問です。

グワンシが支配的な状況下では、どんなに高品質の製品をつくっても売れず、製品が不良品だったとしても商売がうまくいく、そういう事態すら起こり得ます。

こうして、人が真面目に商売をやろうという意欲を削いでしまうのは、まさにビジネスにとって破壊的です。


そして、それは、二つ目の「**集団的盲目**」にもつながっていきます。

グワンシのネットワークがあると、グワンシ自体が、「心配するな。俺たちが面倒みてやる。守ってやる」と支えてくれます。すると、企業のセンシティビティ（感性）が鈍り、目を閉じてしまいます。グループ全体が目をつぶってしまうのです。

上海の陳良宇のケースのように「だいじょうぶ。地方政府は掌握した。土地の分配も俺たちの思いのままだ」とか、そんなふうに考えてしまうわけです。

三番目が「**ドミノ倒し**」です。陳良宇が腐敗すれば、周りも連鎖的に全員、腐敗します。腐敗した人が一人いれば、そのほかの人たちにもその影響が出るということです。なぜなら、みんな、グワンシでつながっているからです。

不正なお金を払う人がいれば、当然受け取る人もいるわけで、そのお金の流れのなかには、情報をもち、許認可権をもつ役人たちも含まれてくるのがふつうでしょう。

まさに、腐敗の伝播、負のドミノ効果です。

四番目に、グワンシが「**企業に不安定性をもたらす**」ことです。

たとえばウォンさんが人脈をたくさんもっているとします。けれども、グワンシというのは個人主義的なものですから、ウォンさんが別の企業に転職してしまうと、そのコネは全部なくなってしまうのです。

そのような状況下で、もしウォンさんが社内的に権力を握ろうとしたらどうなるでしょう？　ウォンさんを通してしか商売ができなくなる。すると、会社はウォンさんの人質のようになってしまうでしょう。ウォンさんが王位につき、会社側がウォンさんの人質、捕虜になるわけです。

そして、もし、そのウォンさんがつかまってしまったら？　というわけで、最後にあげる、グワンシのマイナス面が、「**企業イメージの悪化**」です。

もし、社内の誰かが不正を働いていたとしたら、現在のグローバル社会のなかで、その企業のイメージは確実に悪化し、業績にも大きく影響します。

最近の事例に、リオ・ティントというオーストラリア企業の例があります。リオ・ティントは、鉄鉱石や銅その他の鉱物を産出する世界最大企業の一つで、中国では、中国人を雇ってビジネスをしています。

リオ・ティントの中国人社員が、中国で秘密情報と引き換えに中国企業から賄賂を受け取っていたのです。それによって逮捕されたとき、当初、オーストラリア政府はこの社員たちを守ろうとしました。公式にはオーストラリア企業のために働くオーストラリア人だからです。

ところが不正が明らかになったので、オーストラリア政府は彼らを保護するのをやめてしまいました。企業イメージにとって最悪だったからです。

もう少し詳しくお話ししますと、オーストラリアのこの会社には、中国本土出身の社員が何人か在籍していました。オーストラリアに移住して市民権もとっていたのです。でも、かれらは、同時に、中国本土でも働き、賄賂を受け取っていました。中国政府の内部情報を得て、それを中国企業に流して巨額のお金を受け取っていたのです。

これを知った中国政府は彼らを告訴しました。そこで、最初、オーストラリア政府はかれらを擁護したのです。オーストラリア国籍ですから。

けれども、裁判は中国で開かれ、それも、非公開の裁判と決まりましたので、誰も傍聴できなくなってしまいました。オーストラリア政府は「それは困る。裁判を公開し、こちらの代表が傍聴できるようにしてほしい」「少なくとも我々の弁護士の出頭を認めてほしい」と注文をつけました。

結局、オーストラリア政府が代表を送れるようになりました。

けれどもそれは、その社員が賄賂を受け取ったことを認め、中国政府がこの腐敗の実態を公開するまででした。その実態を知るやいなや、「こんな状態では……」と、オーストラリア政府は関与するのをやめてしまったのでした。

図式は、いま、中央政府対地方政府の闘いに

これらがグワンシのマイナス面です。そもそも、未整備な法・システムに代わって資源を再配分するという機能をもっていたグワンシが、本来、社会や国のものである資源を、個人の利益のために使われてしまうのを助けてしまっているわけですから。

これは、社会的にも、投資家にとってもよくありません。ですから、それが一度明るみに出れば、社会は当然、変化を要求します。

先の項で、腐敗の問題はおもに地方政府にあり、いまや、中央政府対地方政府の闘いの図式になりつつあると書きましたが、いま、おもしろいのは、中央政府がインターネットを許可したことです。

ネットでいろいろな情報が入ってくるようになりましたが、中国は大きいですから管理しきれません。そこでインターネットが地方政府の腐敗について議論をする場になっていて、中央政府までもがそこで情報を得るようになっているのです。

若い人たちは、ネット上では恐れることなく、「これは間違っている！　ここは腐敗し

ている！」と議論します。そこで情報を得た中央政府は、現地に調査団を送ります。それでその腐敗状況を改善する。

つまり、中央政府にとっては、インターネットが地方政府を監視する情報源になったのです。

一方、地方政府の腐敗や不正の情報は、インターネットで国際的にも広がります。そのよい例が、三十万人に被害を与えた汚染粉ミルク事件です。被害家族代表として政府に補償を求めた趙連海氏が投獄されました。インターネット上には彼を擁護する声が殺到しました。いま、ネット上で、香港でも、国際的にも議論になっています。インターネットが、社会の暗黒面を告発するもう一つの手段になっているのです。

このように、中央政府は情報を得るためにネットをあえて公開、オープンにしている一方で、これ以上情報が広がりすぎると社会発展に悪影響をもたらすと中央政府が考えた場合は、ただちに閉じられてしまうことも書き添えておかなければならないでしょう。

グワンシのプラス面とマイナス面

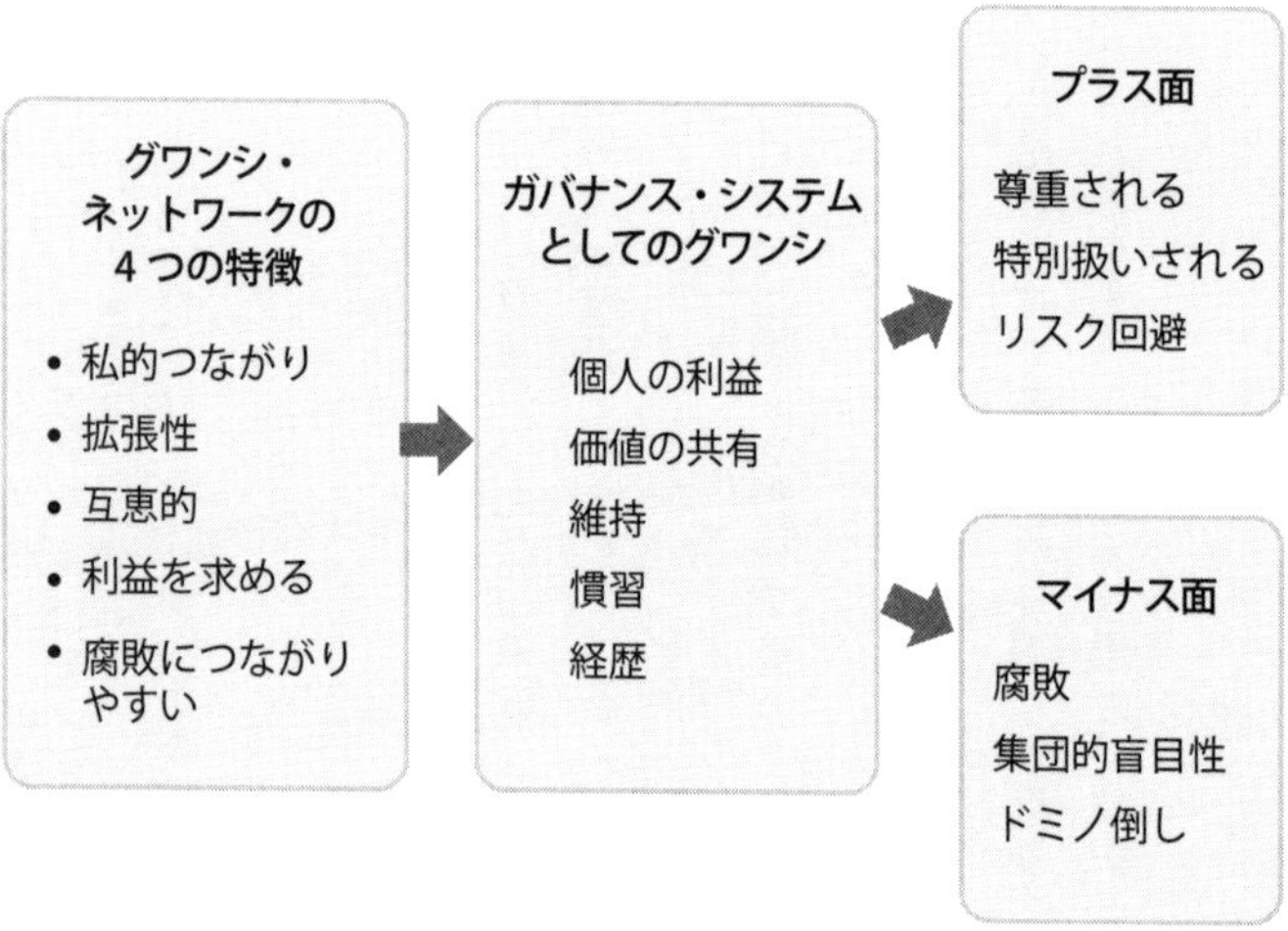

4 グワンシのマイナス面は、今後、弱まっていくのか？

制度の整備とともに、グワンシのマイナス面の支配力は、低下する

前の項で、中央政府が、インターネットを使って地方政府の腐敗の一掃にコミットしはじめているという話をしましたが、それでは、グワンシは今後、少なくとも香港のレベルぐらいまで、その影響力を弱めていくことになるのでしょうか？

これについては、今後、社会制度の構築が強力なものになっていけば、グワンシが弱まっていく可能性は大いにあります。

過去に行われた調査で、地方政府が経営する企業が、国営企業よりも民間企業よりも儲けていた、という結果が出ていたことがありました。地方政府との結びつきの強い企業が

一番儲けていたのです。そこには、構造的な欠陥があった、すなわち、グワンシが先に例としてあげたような個人的利益の最大化に使われたと言わざるを得ません。

そうしたこともあって、いま現在、グワンシは、ビジネス上の決定的要因というよりは、貢献的な要因ぐらいに、その支配力を低下させています。今後、ますます制度が整備されれば、さらに弱まっていくものと思われます。

中国政府のグワンシのマイナス面たる腐敗の一掃と、ガバナンスへの取り組みは、本気である

そして、中国政府はグワンシによる腐敗を撲滅しようとしています。口で言っているだけでなく、本気で対処しようとしています。なぜなら、中国政府は、一部の腐敗によって共産党政権全体が腐敗してしまうことこそを、もっとも恐れているからです。これはなんとしても避けたい。グワンシ・ネットワークが腐敗すると、腐敗がすべてに及ぶとわかっているからです。社会も人々も苦しみます。

ここで、一つ例をあげましょう。たとえば、海南島は腐敗の多いところです。経済特区

なので特別の商店があります。中国人は誰でも海南島に行って買い物をします。盗難車は香港から海南島を経由して、本土に入ってくるのです。長い間そういう状態でした。そこでたいへん大きな取り締まりがありました。

地方政府はかつてほんとうに腐敗していました。いまでもそうです。ただ少しずつ転換していっているところです。腐敗しすぎている地域があれば中央政府が特別チームを送って、監視させています。市長や役人をすげ替えたりすることもあります。

また、大都市や村という単位でいうと、グワンシは文化的に根付いたものなので、総じて村のような経済的発展が遅れている地域に行けば行くほど、強くなっています。鉱物資源が豊富な地方では、特にグワンシのネットワークが強い。制度化も十分ではないし、人々の心理的にも準備ができていないからです。日本の村でもそうだと思います。

それでも、ルールとネットワークがきちんと整備され制度がきっちりしてくれれば、ルールも守られ透明性も保てるし、グワンシによる腐敗も減るでしょう。

中国政府はこういう立場から腐敗撲滅を進めています。

さて、中国ではいま人気のあるプログラムが二つあります。

MBAとMPA（Master of Public Administration）、つまり経営学修士と行政学修士です。MBAは、日本でも取得者が増えていると思いますが、MPAについてはそうでもないと思います。

毎年、中央政府は、優秀な学生を五十人、ハーバード大学に留学させ、行政学を学ばせています。政府はどうやればきちんと行政を行えるのか学習したいのです。

何事も模倣の好きな中国人のこと、中央政府を見て、ならばうちからも、と、地方政府もMPAを学ばせる動きが出てきています。そこで、ルールや透明性、公正性（フェアネス）がなければガバナンス（統治）はできない、ということを学んでいるのです。

正しいガバナンス（統治）の概念を学ぶことで中国は変わっていくでしょう。

実際、中国はいままさに、組織について、公正性について、ほかのルールや規制について、学ぶ必要があります。各地方には都市があり、都市のなかもさまざまな行政区に分かれています。ガバナンスがほんとうに大事なのです。いまここで、腐敗を管理しておかないと、共産党政権全体が共倒れしてしまうかもしれません。

一方、共産党の幹部の手による「共産党が生き残りたければ、多党制にならなければならない」と書かれた文章もあります。そうでなければバランスがとれないからと。

また、多くの村では自由投票を練習・実践しています。共産党政権も、安定性を得るためには、国民自身によって選ばれたリーダーが必要だとわかっているからです。

それから、先にあげたインターネットです。いま、中国のインターネットの整備は、もっとも急速に進んでいます。

まだまだ、検閲や政府による削除があるとはいえ、以前と比べれば、インターネットにおける話し合いはかなり自由に行われるようになってきました。各コミュニティであるブロックには、毎分、五千人が参加し、そして、ブログに書き込み、自分たちの意見を表明しています。インターネットが非常にいろんな資源の開放に役立っているのです。

このように中国は、さまざまなレベルでどんどん変化しています。すべてを転換させるといっても東欧諸国のようなやり方はできません。ああやったら軍閥に牛耳られてしまいますから。

中央政府の役人の多くは、共産党の将来、国家の将来のために、改革が必要だと考えているのです。その意味で、中央政府の努力は真剣なものです。

こうしたことから、中国社会が、より明るい、より公正な、より開放されたシステムになることを願っています。

第4章 ◉ 中国人社会における社会装置としてのグワンシ

古田茂美

1　「法律」とグワンシでは、どちらが優先されるのか?

ツェ教授によるここまでの章で、グワンシ、すなわち、人間関係というものが、中国ビジネスにおいて欠くことのできない要素であることがおわかりいただけたと思います。

実際、ひとたび、中国でのビジネスを始めようとすると、政府行政部門との折衝における官吏の恣意的処理に始まって、通関業務、税務局との折衝、不透明な投資制度、いつまで待てば下りるか不明な許認可申請、はては債権回収まで、ともかく、通常慣れているやり方が通用しない、常識が通じない、いったい何を基準に判断されているのかわからない、となってしまった経験をおもちの方も少なくないと思います。

そして、中国とのビジネスには、ほとんどすべての局面で、グワンシをもつ中国人スタッフ、または、紹介者の存在が必須であることを思い知らされることも。

本章では、中国社会におけるグワンシの位置づけや成り立ちを私なりに、それはどのように形成されるのか? わたしたち日本人が、中国人とのビジネスのために、それを築くことができるのか？　できるとしたら、どのように？　という点を、実際の企業の事例も織り交ぜながら、お話ししたいと思います。

中国ビジネスにおいて、契約履行の信用を保証するのは、法律の前にグワンシ

まず、最初にお話しするのは、ビジネスにおける「信用」を保証するものとしての法律とグワンシの関係についてです。

経営活動というのは、言ってみれば、「契約」の集合体です。契約が契約どおり履行されることによって、業務が進展し、目標とする付加価値を生み出すことができます。いくら契約書を交わしても簡単にそれが反故にされるのだったら、ビジネスは成り立ちません。つまり、契約の大前提には、両者間の「信頼」（Trust）があります。

この信頼は何によって保証されているかというと、日本や欧米においては、言うまでもなく、法律です。

ところが、香港をのぞく中国においては、そうとは言えない。近代化以前の方法、すなわち、法律以前にまず、当事者間の個人的信頼「関係」が必須なのです。

もちろん、現代の日本でも、ビジネスの現場では、なによりもまず「人間関係」が重視されます。重大な契約になればなるほど、信用できる相手かを、その人間性から推し量ろうとします。だから、中国では、まず「関係」が大事だと聞いても、わかったような気になってしまいます。

でも、私たちが思う「人間関係が重要」と、中国におけるそれは、まったく違います。私たちが言う「人間関係が重要」は、あくまでも、日本的法秩序を大前提としたもの。つまり、法秩序が先にあって、次に人間関係がくる。

でも、グワンシは違います。それは、法秩序と同格か、場合によっては、それ以上の重要性をもつものなのです。まずこの点を知っておいていただきたいと思います。

中国は、西洋型の近代法概念を取り入れ、全土に浸透させるには、あまりに広大すぎた

とはいえ、日本でも、西洋型概念としての「法律」が取り入れられたのは、明治維新以降のことです。明治維新以降、経済取引上の「信用」は概ね、法律によって保証される、ということが、国家内の隅々にまで浸透しました。万一、契約の不履行が起こった場合は、

法規と三権分立政体のもと、独立した司法によって制裁を受けるということが、みなに共通する認識となったのです。

これは、日本という国の規模が物理的に、近代的な管理が可能な大きさだったことにもよります。しかし中国の場合は、違いました。その理由の第一は、やはり広大すぎるその国土です。現代に至るまで、西洋型の法制度を全土に均等に浸透させることは、現実的になかなか困難です。

さらには、中国では秦の始皇帝の政治で確立した「韓非子」の法概念と統治方法がのちの為政者のモデルとなって定着したことから、後年、西欧の法概念が浸透しにくかったとの指摘もあります。

ともかく、中国では、法体系とそれを確実に履行する運用制度が全土に均質には浸透しなかった。よって、一般の経済取引上の「信用」も、法律では保証されず、それゆえ、人々は、「縁」や「人情」で形成されるグワンシという、人と人との関係が根拠となって「信用」を保証される環境が整備されてきた、というわけなのです。

たとえば、通常では、契約不履行などの民事紛争には、司法制度を活用することが前提とされますが、三権分立がいまなお確立されていない中国の政治体制では、「信用」が実現されなかった、つまり、「言」と「行動」が不一致だったときの制裁行為が、全面的に司法制度に依存しているとは言えません。

すなわち、もしも、不履行や不正行為が発生した場合は、その集団が固有にもっている規律や掟に従って厳しい制裁を受けるのです。

私がある中国人に聞いた話によれば、その制裁とは、それこそ極刑に当たるものから、オストラシズム（集団からの追放）に至るまで、実に厳格に定められ、法律や裁判以上の強制力があるとのことです。実際、多くの中国人が、事業運営のなかで、自分が属する業界や地域から追放の制裁を受けることを極端に恐れるという話はよく耳にします。

いまも機能する「韓非子」の信賞必罰の制裁メカニズム

このような厳しい制裁は、前述のように、「韓非子」の法概念が今も受け継がれていることにもよります。韓非子というのは、戦国時代、韓非が著したという全五十五編、十余万字からなる統治の方法で、秦の始皇帝がその概念を採択して成功したので、のちの諸皇帝が、帝王学の要として継承してきました。そのモデルは今日も為政者や、企業幹部の部下操縦法として広範囲に履行されています。

その顕著な例がいわゆる「信賞必罰」の概念です。韓非は荀子の門下生で、その「性悪説」に強く影響を受けており、統治の前提には、人間は放置すれば、怠け、騙し、上司を裏切って、私利私欲に走る、という人間観があります。その前提で、支配の方法を提唱しているのです。

したがって、リーダーは、二つの道具、つまり、「刑」と「徳」を有し、その実行として「罰」と「賞」を与える「権限」をもつべきであるとする「信賞必罰」は、儒家思想の「君子像」とともに、現在の中国の組織におけるリーダーシップの一つの土台となっています。

そして、西欧の法概念との遭遇ののちも、近代法律の語彙のなかに韓非子が混在し、実際、それが、ときに法律以上の制裁メカニズムとして機能しているのです。

2 グワンシは何によってつくられるか？

日本の「関係主義」は、組織対組織で、全体的「関係」からなる「場」を形成。
中国のグワンシは、人対人で、無数の二者間「関係」からなる「ネットワーク」を形成。

前項で述べたように、中国では、歴史的に、法律よりもグワンシ、すなわち「関係」が信用を保証するものとして機能してきたし、その保証を裏付ける契約不履行の際の制裁もまた、グワンシによって結ばれた集団のなかで行われてきました。

このグワンシは、もともと中国文明の大きな影響を受けてきた日本人にとっては、欧米人と比べれば理解しやすいものかもしれません。実際、戦後の日本経済の復興発展を研究した諸外国研究者のなかで、強く指摘されたものもまた、「関係」に基づく日本の経済社会構造でした。すなわち、「特殊な関係」としての「ケイレツ」と「日本株式会社」です。

内側にいる私たちには、あまりピンとはこないかもしれませんが、欧米人にとっては、いまの私たちにとってのグワンシ以上に、容易には理解しがたい独特な行動規範に見えたのでしょう。欧米の研究者たちは多くの研究を残しています。

ところが、日本にも存在するこのような「関係主義」は、中国の「関係主義」と同じではない。なまじ、中国と共通するところがあるだけに、そのことが中国とのビジネスにおいて、多くのトラブルが発生する原因の一端となっているとも言えるのです。

では、どこが違うかというと、中国の著名な社会学者である金耀基氏は、中国人の「関係」モデルは「無数の二者間関係からなるネットワークである」のに対して、日本人のモデルは「全体的枠組みである」と言っています。

つまり、契約履行の前提となる当事者間の「信頼」保障が、「関係主義」に根ざしている、というところまでは両者に共通でも、その「関係」樹立の当事者が、日本人の場合は「集団単位」であるのに対し、中国人の場合は「人単位」となるのです。

これが、中国は「人対人」、日本は「組織対組織」と言われるゆえんです。

さらに補足すると、金耀基氏は、日本の社会学者中根千枝氏が発見した「場」の理論を用い、日本人の「関係」には、ともに参加している「**場**」の存在が不可欠だとしています。当事者がどのような「場」に参加し、帰属しているかが、その当事者の「信用度」を形成し、契約履行の前提となる「信頼性」を保証すると。

つまり、「関係」というより、「場」が信用保証の担い手となっているわけです。この「場」というのは、ふつうは組織です。だから、日本の場合、契約当事者は個人よりも組織が優先される、というわけです。

これに対し、中国社会でのグワンシは、「個」と「個」の連携を前提としていて、そこには「場」は介在しません。その代わり、それに代わる不可欠要素として、「**縁**」という要素が介入してきます。

中国の場合、AとBの連携、BとCの連携があった場合、AとCが、Bの保証によってまた新たな二者間連携をつくることができます（ツェ博士が第二章でお話しした「グワンシの移転と拡大」です）。このとき、Bの果たす役割が「縁」です。

つまり、信用保証の根拠として、当事者間の固有な「関係」主義が、一般的な法秩序に代わる機能を果たしているという意味では、中国社会と日本社会は共通しているものの、その保証の主体が、中国人の場合は「人」をつなぐ「縁」であり、日本人の場合は「組織」が形成する「場」なのです。

中国人の関係は２者間ネットワークで広がる

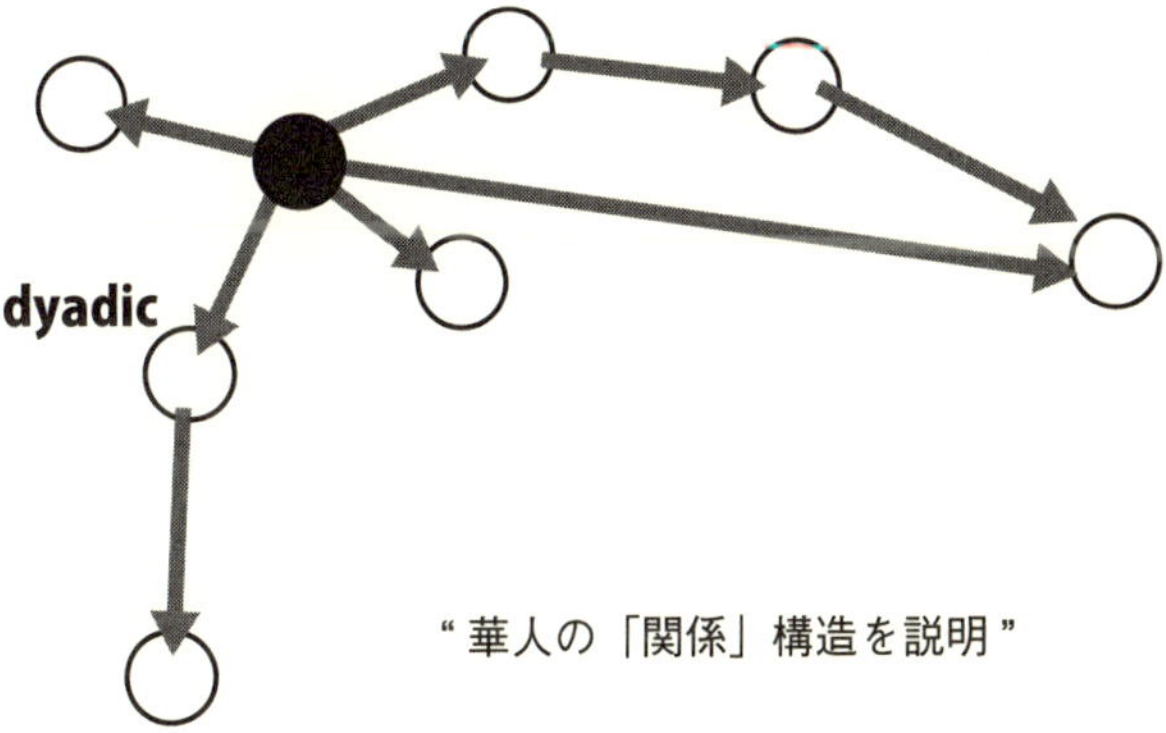

“華人の「関係」構造を説明”

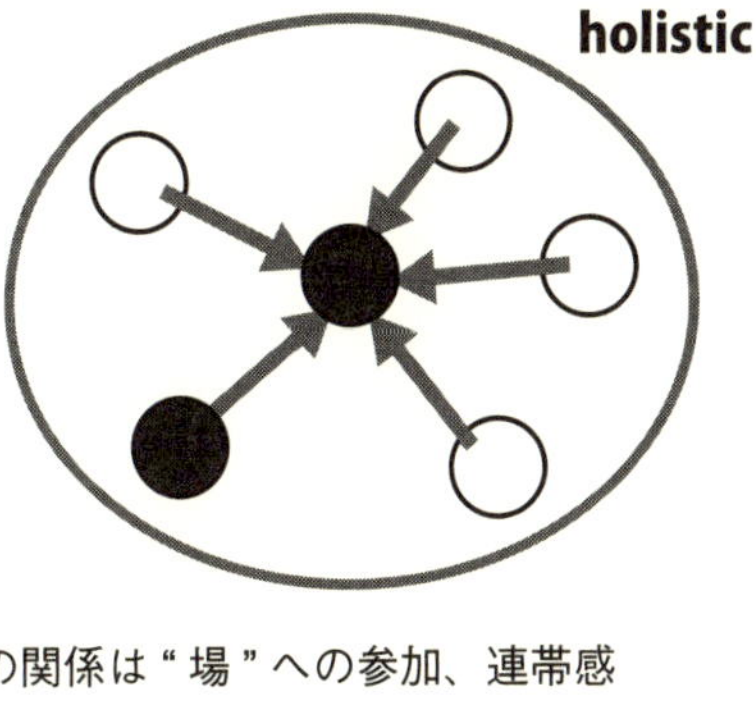

日本人の関係は“場”への参加、連帯感

出典：金耀基を参考に筆者作成

ちなみに、ならば中国社会には「場」はないのかというと、そんなことはなくて、実際には日本の「場」よりはるかに強力で排他的な「場」を形成しています。すなわち、「家」であり、「家族」です。中国人にとって「家」は絶対で、人々の最後の拠りどころで、内側には強い結束、高い「信用」が形成されています。

この「家族主義」は、中国人のもう一つのスタンダードで、幇（パン）と呼ばれる「秘密結社」と「同族経営」という形で、いまも、非中国社会との経済交流活動に少なからぬ影響を与えています。

「縁」が、人と人をつないでグワンシを構築する接着剤の働きをする

このように、グワンシは、二者間の関係の集合であり、二者をつなぐ接着剤、つまり、当事者同士の固有の関係を築く根拠となるのが、「縁」です。

歴史上、中国文明の影響を強く受けて、漢字を理解する日本人にとっては、難しい概念ではなく、日常的に理解できるものと思いますが、人と人との関係に一般性を求める西欧社会の人々にとっては、なかなか理解できないようです。

実際、近代経済学の大前提である「等価交換」の概念、つまり、いつ誰と取引しても価格は一定であるという前提は、中国社会の商取引においては無残に打ち砕かれます。人と人との関係に「縁」が存在するからです。

中国の「縁」には、地縁、血縁、業縁、学縁、氏縁、契縁、師弟縁など、たくさんありますが、このうち、もっともよく知られているのが、地縁、血縁、業縁の三縁です。ツェ教授が第一章で「グワンシを形成する三つのベース」として触れたものに相当します。

これのうち、「家」で規定される縁が、もっとも優先順位が高いのは言うまでもありません。家を中心に、その外輪に広がる諸関係の順位度は次第に低下していって、極端に言えば、国家はもっとも関係の薄い存在となってきます。

ここで気がつくのは、「縁」というのは、ほぼ先天的に決まってしまっているもので、それがグワンシをつくる接着剤のようなものだとすると、日系企業であれ、なんであれ、よそ者が、あとから中国にやってきて、グワンシを積極的に活用して、高い信用関係をつくろうと思ったら、婚姻などを通じて、血縁を結ぶしかなくなってしまいます。

さすがに婚姻というのは一般的ではありませんが、いわゆる家族づきあいというような擬似家族化環境をつくり出すことによって、一定の成果をあげている企業もあります。

ただ、それ以外にも方法はあります。つまり、「縁」以外にも、グワンシをつくり出すものはあるのです。

グワンシを樹立する三つの条件

グワンシが樹立されるには、次の三つの条件があります。これらのすべてをもっていることが必要です。

①資源性

関係しようとする相手が有益な「資源性」を有していること。

②時間性

「資源」の確認と「人情」のやりとりの往来作業を実施する時間が存在していること。

③人情性

当事者間に、「資源」にとって代わった「人情（情宜）」が存在していること。

企業間においては、十分な①、すなわち、資源をもっていれば、関係を樹立することもできますが、グワンシにおいては、やはり、③の「人情性」は重要です。

これから、その「人情」についてお話しします。

「人情」もグワンシをつくる。ただし、日本人の「人情」とは、まったく異なる概念である

中国企業と関係をもとうとするとき、「縁」が欠落していたらどうするか？　それにはまず、時間をかけて交流し、親しくなっていくことです。その過程で、そこに「感情」が生まれれば、グワンシを築くことができます。

ただ、ここで注意しなければいけないのは、ここでいう「感情」は、日本語の「感情」とはかなり異質のものだということです。

たとえば、ちょっと中国人と親しくなると、遠慮なく支援依頼が寄せられて、戸惑ってしまうという話を聞いたことはないでしょうか？　実際、それはよくあることです。

これは、中国社会では、「感情」が生まれて親しくなってグワンシができたら、相手に要求してもよく、また将来はそれへの答礼も行うべきだという前提が存在するからです。

この「感情」は、「人情」と呼ばれ、「縁」と並んで、グワンシを理解するのに、そして、

中国社会の文化的特徴を論じる研究では避けることのできない概念として、多くの研究者がその解明に取り組んできました。

では、中国における「人情」とは、どういうものなのでしょうか？

それは、三つの基本的機能をもつとされます。

第一は、人と関わるうえでの規範を支配するガイドライン的機能、

第二は、人から人への施しを促す機能、

第三は、人間関係の円滑化のための道具としての機能です。

実際、中国人とのコミュニケーションにおいて重要なことばかりですので、ちょっと詳しくお話ししましょう。

まず、基本的機能の一つ目の「ガイドライン的機能」について。

具体的には、次の四つのルールがあります。

①他人から好意を受けたら、受け取らなければならない。

②受け取った好意に対しては、ただちに返答しなければならない。
③依頼事項を受けたら、多少なりとも呼応しなければならない。
④人は与えた好意に対して返答があることを期待している。
しかし、その意思を表立って表現してはならない。

つまり、中国人にとって、好意を受け取ろうとしない、あるいは、好意に対して返答をしないことは、「不近人情―ひねくれている。行いが人情に背いている」ということなのです。

これらの四つの一般ルール以外に、「人情」の原則には、厳密な返済スケジュールも含まれ、人々は結婚式や誕生日といった機会に、好意とその返答の収支を清算しています。

二つ目の、「人から人への施しを促す」というのはつまり、誰か困っている人がいたら、その要請には応えるべきである、というのが「人情」というものだ、というわけで、これは、中国人の、常に相手方や他人に対して無関心でいられない性質をよく表現しているといえます。簡単な挨拶言葉のなかにも相手の行動に関与し続ける性格が現れていて、これがまた、過度な干渉だとして、日本人を戸惑わせる行為の一つともなっているようです。

三つ目の「人間関係の円滑化のための道具としての機能」についてですが、「人情」は、クレジット・カードに似ているとも言えます。なぜなら、貸したものの返済を促すことができるからです。

また、それはプリペイドカードにも似ています。なぜなら、相手に、こちらの意図に沿った行動を要求したい場合、なにか好意を演出したり、大金を入れた紅い袋を結婚祝いとして相手に送ればよい、すると、相手はこれを受け取らなければならないし、また返答をしなければならない。つまり、プリペイドカードのように、先に払って後で使うことができるというわけです。

このように考えると、中国社会における「人情」というのは、社会的相互作用を行使する際の、一種の資源のような性格をもつことがおわかりでしょう。資源という意味では、資金と似ているかもしれません。多くの資金をもつ人が他人に対する影響力が大きいように、多くの「人情」を行使することで他人への影響力を行使できるのです。

3 どのようにして、グワンシを築いていくのか？

グワンシを結んだ「自己人」と、それのない「外人」では、取引条件を変えるのはあたりまえ

「よそ者」である私たちが、中国人とグワンシをどのように築いていくかについて考える際、どうしても知っておかなければならないもう一つの概念が、「自己人」（ズージーレン）と「外人」（ワイレン）です。

「自己人」というのは、「縁」や「人情」などで形成された「家」やそのほかの小社会の構成員を指します。自分を中心にして一番近い血縁者、地縁者、業縁者、そのほか「縁」でつながる人々、また、「人情」によってグワンシを築いてきた人々など、基本的に、「内輪」と認識される相手のことです。

そして、この「自己人」と対称をなすのが、「外人」です。

自己人が、その定義からも「信用」でき「安心」できる相手であるのに対し、その外輪社会の構成員は「信用」も「安心」もできない人々、多くの場合、敵対意識をいだいても不自然ではない人々、となります。

このように、自己人と外人を明確に区別するのが、中国人の「関係主義」、中国文化の特徴で、実際、この自己人との間の行動規範と外人との間のそれには、明確な区別があります。

たとえば、自己人に対しては、より有利な情報、契約条件、便宜、支払いなどを与え、相手の福利や効用を尊重するのが当然とされています。なぜなら、そこに「人情」、そして以前に受けた「恩」の「返済義務」などがあるからです。

一方、外人に対しては、そもそも「人情」が存在しないわけですから、相手がどうなろうと知らない。どんな不利益があろうと、不幸や失敗があろうと、まったくもって無関心です。これが、世に言う中国人のセクト主義で、二重価格など、外国人には不利に働くビジネス慣行の理由となっていたわけです。孫子の兵法は、この外人に対する、いわば行動規範を示したものです。

「外人」がグワンシを結び、「自己人」になっていく四つの段階

では、当初「外人」であった者が、交流を重ねることで、「自己人」のメンバーに入れてもらえるのか？　ということですが、これは、前の項でお話ししたように、「人情」を育んでいくことによって可能です。

中国文化の研究者である、広州中山大学の社会心理学教授の楊中芳氏によると、それには、次の四つのステップがあります。

まず、第一段階では、規範的行為に従って行動するだけでいいから、とにかく、交流すること。ただし、ここでいう「規範的行為」というのは、たとえば宴席に招待する、状況にあわせて礼品を贈るなどで、これが非常に重要です。

第二段階から、相手の行動言動の信憑性が評価され始めることになります。誠実性がテストされるのです。この「誠実性」を確認するプロセスというのは、中国人が人と関係を結ぶ際に欠かせないもので、人々は、それを経て真のパートナーを選択していきます。

まず、最初に、相手の言っていることが真実であるかどうか、つまり嘘を言っていないかどうかを確認する段階です。単なる礼儀や挨拶程度の言明であるなら、それ以降関わる必要はないと、この時点で相手の本心を確認します。たいていは中華円卓での食事で、そのスタートを切ります。

ここで、もし、相手が嘘を言っていないことが確認されたら、第三段階に移ります。ほんとうにグワンシを結んでいく意思があるかどうかを確認しあう段階です。

円卓での宴席だけでなく、さまざまな贈り物（「礼物」）が送られたり、重要なパーティに招待されたり。家族とのつきあいもこのころから始まります。相手はほんとうに信頼のおける人間か、騙されるようなことはないかと、相手に対する全人格的チェックが始まるわけです。

ここでは、双方、頼まれごとをもち込んだり、もち込まれたり、といったことが出てきます。場合によっては共同出資の相談がもちかけられたりします。この頼まれごとに、少しずつでも対応しあいながら、お互いの腹を探っていくわけです。

この交流のなかで、たとえば苦労をともにしたりという経験や精神の共有があったりすると、次の最終的な段階に到達する可能性が高まります。

そこでは、互いの懐疑心がとれるばかりか、それまでは、お互いをつなぐ要素が相手がもつ有効な「資源性」、言ってみれば、ある意味、ギブアンドテイクの物理的利得であったのが、その「資源性」が「情愛的要素」にとって代わられます。この「資源」が「情宜」にとってかわった段階が最終の第四段階です。つまり、「人情」で結ばれた「自己人」の関係です。

これは、三国志の「桃園の誓い」を思い出していただければいいでしょう。まさに、「契り」、すなわち、約束の絶対履行を伴う関係です。死んでも相手との約束は面子にかけて守らねばならないという強さ、そして相手のためなら損をしてもいいという「自己犠牲」精神の存在が特徴です。この段階のことを楊中芳教授は「自己犠牲の段階」と呼びます。そして、これがまさしくグワンシの原型なのです。

ちなみに取引契約の際の「契約」は、通常中国語では「契」でなく、「合同」です。日本側が「契約」に対していただいている概念は、「約束履行の絶対性」であり、それゆえ「契」という漢字があてられているのですが、中国人にとっての「合同」は、単に「同じ意思をもつ者が合わさっている」状態であって、約束履行の「契り」をしているわけではありません。

個人のグワンシによって、第四段階まで、関係を築くことができた日本企業の例

「桃園の誓い」などというと、日本企業が中国企業とこの領域に入っていくのは不可能ではないかと思われるかもしれませんが、そんなことはありません。中国の学校公立機関におけるプロジェクター市場でエプソンに次いで中国第二位を達成している大阪市北区の映機工業、東京都葛飾区の浅川製作所、また大阪府和泉市のヴェクセルなど、大小、いくつもの日系企業が、中国企業や行政府と、第四段階に至る関係を築いています。

通常、中国ビジネスの問題としてあげられる債権回収不能、契約不履行、政府窓口の恣意的判断などが軽減されているだけでなく、パートナー企業から、「自己犠牲」が発揮されて、「想定していた相方の資源以上に、相方のネットワークから追加的に提供される資源の恩恵を受けることができ、想定以上の経営成果が得られている」というのです。

次に、いまや古典的な事例ではありますが、六〇年代に、三洋電機が、家電メーカーとしてはじめて中国進出を成し遂げた事例を、少々長くなりますが、井植薫元社長の手記に

基づき、ご紹介しましょう。

戦前、松下電器に勤務していた井植薫氏は、昭和十三年、軍の要請で、上海につくることになった乾電池工場の建設責任を任されました。以後、井植氏は、終戦の翌年までの八年間、電池工場の経営の任にあたりましたが、上海で知り合い、家族ぐるみのつきあいをしていた中国人の友人がいて、名前を丁熊照といいました。

井植氏は、帰国後の一九四九年、長兄の井植歳男氏が創業した三洋電機に移りましたが、その間に、丁氏が日本に井植氏を訪ねてきました。銅の精錬工場を日本で建てようと香港から準備してきた資金があったが、日本人の従業員に持ち逃げされてしまい、当時のお金で五百万円貸してほしいというのです。井植氏は自分が保有していた株式を売却して、資金を用意して丁氏に渡しました。

その後、丁氏は事業が軌道に乗った暁に、金の返済にと井植氏のところに戻ってきました。借入れ利息を支払うという丁氏に対し、井植氏は、売った株式がいまは暴落しており、そのまま保有していたら売却損を蒙っていたので、元金返済だけでも損失を免れたといって利息を取りませんでした。

丁氏は、新中国成立後、英領香港に逃避し、プラスチック関係の仕事を始めましたが、二人の関係はそれで絶えることはありませんでした。

話はその後、一九六〇年まで飛びます。当時は、トランジスタラジオが輸出の花形商品で、三洋は、そのトップの地位を占め、おもにアメリカへ大量に輸出していました。ところが、一九六〇年になって、アメリカ政府より輸入数量制限の処置が取られることとなります。それではお客さまに迷惑をかけることになると、日本からの輸出がダメなら外国から輸出しようと考え、その第一候補として香港が選ばれました。

しかし、そこにも問題がありました。一つは、当時の香港では、家電製品を生産する適当な工場が見つからなかったこと。もう一つは、日本政府の外貨規制に抵触し、資金を持ち出すことができないことでした。

困惑した井植氏は、友人の丁氏を訪ねました。当時、丁氏はプラスチック工業で成功していました。その後、同社、開達は玩具メーカーとしても大成し、丁氏の長男は、後に香港玩具協会会長、香港工業連盟会長など公職を務めた香港財界の重鎮です。

丁氏は井植氏の話を聞くと、自社が香港北角に保有する四階建て工場ビルの二階を貸与し、三洋が必要な、当時の金で一億円相当を用意して井植氏に渡してくれました。

その際、借用証書を準備してきた井植氏に対し、丁氏はそんなものは不要だといって受け取らなかったといいます。この丁氏の好意に対し、三洋は、香港三洋の製造権の半分を丁氏の会社に与え、合弁会社としました。

その後、株式価値が上昇し、香港三洋も軌道に乗りつつあった一九六七年に、香港の政治的動乱（文化大革命の余波）がありました。丁氏は持ち株を三洋に売却して香港を離れることを考えました。売却時、時価は簿価を上回っていましたが、丁氏は、香港の人間が政治的不安で香港を脱出しようとするときに、香港に留まろうとする外資の三洋には敬服するといって、簿価価格のみでの売却を主張しました。

そして、一九七八年の改革開放とともに、三洋は、日本企業としては第一の対中製造業投資をしますが、それが、丁氏が先に進出したマカオの対岸蛇口であり、三洋も同じ場所で、中国での操業を始めるのです。

初めての対中進出にも、三洋は丁氏の開達による儒教的関係の庇護のもとに守られて未踏の海原に入っていくことができました。当時は、対中進出する日本企業はまだ少なく、よって中国でテープレコーダーといえぱ三洋のことを指したというほど、三洋は中国市場でトップブランドとして浸透したのです。

中国人との儒教関係において、三洋は少なからぬ先発優位の利益を獲得したに違いありません。

この話は、井植氏の回想録に仔細に書かれています。このような儒教的関係が日中間でも築けるということを示唆する貴重な歴史だと思います。

しかし、もっとも重要なことは、この関係が組織と組織で発生したのではなく、井植薫氏と丁熊照氏という、人と人との上に樹立した関係だということです。当初まだ、どちらも中小企業経営者であったことにより、組織や国家を超えて、人レベルの関係が築けたことが幸いしたのでしょう。お二人にはいまも、ビジネスを超えたファミリー交流があると聞いています。

従業員との間に、グワンシをつくって成功した事例

次に、組織内の垂直的関係に現れた、中国人と日本人のグワンシの事例をあげます。

太陽商事（香港登記）は、一九八〇年代に、名古屋鉄道から派遣されて名鉄香港代表として赴任した筒井修氏が二〇〇二年、同社の海外撤退時にその資産を譲り受けて設立した個人会社です。同社には、筒井氏が赴任した当時に彼のアシストをした李氏がいまも、太陽商事の右腕として活躍しています。

筒井氏とその部下としての李氏が何十年もの長い月日にわたって上下関係を維持してきた背後には、言うまでもなく、グワンシがあります。ただ、それには、筒井氏によるある工夫がなされていました。

それは筒井氏が、李氏との関係において、李氏の家族、とりわけ母親や父親に対して施しを続け、李一族からの信頼を勝ち得たことにありました。

名鉄時代も太陽商事時代も、李氏は、筒井氏に代わって経理を一手に担当していましたから、不正を働く機会は恒常的に存在していました。

しかし、家族という血縁関係を公的ビジネス領域にあえて持ち込むことによって得られる成果について、筒井氏には知識がありました。李氏が不正を働けば、彼は血縁一族から制裁を受け、その小社会では「小人」のレッテルが貼られること、そして、それは、中国人が絶対受容できるものではない、ということを知っていたのです。

筒井氏はまた、青島市にいる中国人企業パートナーとも家族づきあいを実施、自らの子息をそのパートナーに預け、半ば入質のように、相手に義理を負わせることによって、「人情」を創造していきました。

かくして、今日、彼は、名鉄の旧同僚から憧憬の目で見られるほどに資産蓄積をした日本人の一人となっています。

礼物と円卓を囲んでの食事は、いまでも中国人との関係樹立に必須

さて、グワンシを結んでいく過程の第二、三段階のところで、「礼物」（贈り物）と「中華円卓」について触れたので、ここで、それらについて、もう少し説明しておきましょう。

中国人のネットワークづくりやその維持に、「礼物」と「中華円卓」は、いまも重要です。日本人にもある贈答文化ですが、その意味は、ここまででもおわかりのように、相当異なっていて、中国では、そこに、関係樹立への期待が、より大きく込められている可能性が高いと言えます。

東京大学教授で社会学者の園田茂人氏が中国で行ったサーベイ調査によると、人と人との関係円滑化に「礼物」が必要と感じる人の比率は七割もあったことが報告されています し、私が行った香港企業対象のサーベイ調査でも、回答者の五割が取引先の家族への「礼物」が重要であると答えました。

中華円卓についても同様です。関係を築こうと思ったら、最初にとるのが円卓を囲んでの食事で、その後も関係を維持したり、深めていくのに、頻繁に用いられます。

欧米や日本の食卓と大きく違うのは、円形状であることで、これはまさに、それが、食事そのものよりも、人と人とのコミュニケーションを円滑にするためのものであることを象徴しています。

何を贈ったらよいのか？
ギフトをもらったら、
どのように解釈すべきなのか？

このように、「礼物」と「中華円卓」は、いまも、グワンシの樹立を支援するための道具として、大いに活用できます。そこで、特に、贈り物について、どのようなものを贈ったらよいのですか？　とよく日本企業の方に聞かれますが、まずは、相手からの贈り物を見て判断するのが無難でしょう。一般に、中国人は、ある程度高価で立派なものを好みます。最近でしたら、ブランド物（ヨーロッパのものでもよい）も好まれます。

注意しなければならないのは、たとえそれが、単なる尊敬や親しみの表現だとしても、あまりにも安いものを差し上げてはいけないということです。それでは相手が面子を失ってしまうからです。

なお、このギフトについて、ツェ教授は、来日した際の日本企業の方からの質問に答えて、次のように述べています。

「たとえば中国に来たら、誰かからギフトをもらった。これは、グワンシを活用しようとしているのかと、そういったことをよく聞かれます。

私の個人的な経験から言えば、ギフトを贈ることによって、関係づくりをしようとしている可能性もあるし、それが、裏口というか、賄賂に近い意味合いを期待している可能性もあります。けれども、ただ単に尊敬しているということを表している場合もあります。

つまり、どっちかわからないことが多いわけです。

で、みなさんが迷われるのは、それでも、人情として、それに対してのお返しをしなければいけないのかということでしょう。

ここは実際のところ、判断が非常に難しいものですが、たとえばギフトをもらったのと同時に、後であなたに何かお願いしますよと言った場合には気をつけなければいけません。ということは、そのギフトは何かの手段になっているわけですから。

また、そのギフトがあまりにも高価すぎて不適切である場合も、ちょっと疑いをもちます。特に、公ではなくて、小さな部屋に連れていかれて、何かをもらうという場合は、ほんとうに気をつけなければいけないと思います。

しかし、いったんもらってしまった後で、これはちょっと不適切と思った場合にはどうすればいいでしょうか?

一つの方法は送り返すことです。不適切だったら、送り返してもいいと思います。丁寧に、この贈り物は受けることができません、会社の規則によってできないんです、と言うべきでしょう。それによって、『私にとっては会社の規則というのは非常に重要です』というメッセージもまた、伝えることになります。もちろん、もし誰かが不適切なギフトをもらっているのがわかったら、会社としては回収しなければいけません。

今度は、ギフトをあげる場合ですが、もちろん、賄賂としてのギフトはいけませんが、適切な尊敬をもって、そして公において提供すればいいわけであって、そうすれば、グワンシづくりをしているというふうには思われません」

4
日本企業と中国人従業員、すれ違いの理由

中国における「公」は、もともと、私的な資源をもちよる「共」の場である

ここで、グワンシそのものからは少し離れますが、第二章でも少し触れられている、「公」と「私」の、日中の概念の違いについて、もう少し詳しくお話ししましょう。というのも、なまじ同じ漢字を使っているだけに、ともすれば、その概念の大きな違いに気づかず、それがさまざまなミスコミュニケーション、互いの不信感を生んでしまっているケースも見受けられるからです。

最初に、確認しておきたいのは、すでに見てきたように、中国人のネットワークの最小単位は、あくまでも個人で、それが結合して、さまざまな「関係」を築いているというこ

とです。その「私」的性格が、「公」である経済社会活動にも、支配的影響を及ぼしているということです。

それは、日本の「ケイレツ」にもシリコンバレーのネットワークにも決して見られない性質で、溝口雄三東京大学名誉教授は、その特性を「つながりの公」と表現しました。以下、溝口名誉教授の知見に基づいて、説明します。

「公」という漢字は、唐代に中国から日本に伝達されましたが、そのときすでに日本には「おほやけ」という概念が存在していました。そして、その言葉の内容が一部似ていたため、その概念が、「公」という漢字の訳語として用いられることになりました。

しかし、日本の「おほやけ」の意味は、朝廷、国家、政府ならびに、それらがつくったさまざまな仕組みや設備などです。現代の日本人がもっている概念も、原理的には同様でしょう。

ところが、中国の「公」の意味は、一部では、朝廷、国家、政府など日本と共通するところもありますが、それ以外に、日本にはない意味も含まれていました。それは、「平分、公平、公正、均分、人倫、天下の公」といった倫理的意味で、現代も、それが継承されています。

これが、現実には、日中のどういう意味の乖離を引き起こしているかというと、日本の「公」においては、そこに参加する際、人は「私」を排除した「おほやけ」の自覚をもっている、すなわち、そこでは、私的関与や私的所有は倫理的に認められないことになります。だから、公用電話や公用車を私的に流用することは、公務員はもちろん、会社員であっても、不正な行為となるわけです。

ところが、中国ではどうかというと、中国の「公」というのは、もともと、私的財産をもちよって、相互に助けあうという扶助精神から生まれた「共」的なものです。つまり、「私」の集合が「公」なのです。ですから、たとえば私的なお金が集まったとき、中国人はそれを「公金」と呼びます。また、家族内で親戚が見守るなか、相続内容が決められ、兄弟同士で合意し署名された文書は、日本では私文書と呼ばれますが、中国では「公文書」と呼びます。

ここが、日本と根本的に異なる点で、「公」の領域には、そもそも前提として「私」の存在があるわけだから、「公」の領域に私的関与が許容されて当然、というわけです。だから、元来非公式なものが公式の主体として経済活動を支配することにもなるのです。

このように、中国では、「私」と「私」が、いくつもヨコにタテにつながっているその領域が、「公」と自覚されているので、これを、溝口教授は「つながりの公」と命名しました。そして、この私的関与の集合がさらにつながって拡大したものが中国人ネットワークであり、そのプラットフォームが事実上、「公的」な、あるいは、それと同値と考えられる「共的」な社会装置となっているとしたのです。

中国人従業員にとって、会社という抽象的なものに忠誠心をもつことは極めて不慣れで難しいこと

このように、そもそも「公」の概念が両者で異なっていることは、現実の日中ビジネスに大きな影響を与えています。

たとえば、「つながりの公」が発揮されれば、会社という領域においても、従業員の意識は人に向かって、会社には向かいません。日本人は、抽象的な会社という「領域」に対して忠誠心をもつことができますが、中国人はそうではありません。その忠誠心は、具体的な「人」に向けられます。領域への忠誠でなく、人への忠誠となるのです。

ですから、日本企業が、中国人従業員の忠誠心を日本人と同様に組織や会社に向かわせ

ようとしたら、それは、かなり難しいことを中国人従業員に要求することになります。

では、中国人従業員は、どのような条件のもとで強い忠誠心を発揮するのかといえば、上司の資質です。中国人の理想とする自己実現に即した形で対処する上司には強い忠誠心をもち、期待以上の成果をあげるのもまれではありません。

さらに、中国人のなかでは、集団の忠誠心は出ないかというと、そうでもありません。兵法的発想のなかでは組織力が非常に重視され、仮想敵国や不正政権に対する中国人の団結力には非常に強いものがあります。工場でのストライキ行動は、その典型です。

また、日系企業の中国現地工場で、工場備品の持ち帰り、工場内職員浴場の家族使用、現地人事担当が私的関係者を登用したがる等々、備品や設備が私的流用されて閉口する事例も枚挙にいとまがありませんが、これも、倫理観の欠如というものではなく、中国人にとって、家族親族を優遇し重用することは、中国人の倫理観にとっては当然のこと。官職や公的職位から得られる利益を、家族親族へ分け与えることは、倫理にもとることどころか、そもそも、それは、私的領域である家族親族内から、あらかじめ期待されている役割に応える行為でもあるのです。

中国人従業員は、自らを、被雇用者というよりも、労働力という形の投資を行う出資者だと考えているかもしれない

先ほど、「中国の「公」というのは、もともと、私的財産をもちよって、相互に助けあうという扶助精神から生まれた「共」的なものだ」というお話をしましたが、ここで、もう一つ、「合股」（ごうこ）という概念に触れておきましょう。

これは、中国に固有の会社組織として知られ、「股」というのは、日本語では「株式」の意味ですが、いわゆる株式会社とはかなり異なります。

中国経済の歴史に詳しい、東京大学東洋文化研究所名誉教授で、現在広州中山大学教授の濱下武志氏によると、中国では、生まれたときにすでに親から受け継いだ「資源」（分与財産）があって、それを担保に「股」を交換しあい、業縁を創造していくという習慣がありました。

いわば共同出資の考え方で、それでなんらかのビジネスを実施し、共同で獲得した利益を出資分に応じて分配する、というわけです。そして、合股グループ同士がともに経済活動を営む場所として、市場が発生しました。その意味では、中国では何千年もの間、この

ような形で、合理的な経済活動や市場が存在していたのです。

共産党による中国によって、それらは消えてしまったかのように見えましたが、一九七九年の改革開放により、政府が手綱を緩め民間に自由な活動を許して以降、続々と興ってきた企業組織は、別に新しいものでなく、それ以前の中国にすでに存在した共同出資企業と市場の再現であるとも言えるのです。

なお、濱下教授は、さらに、「労働の合股」という概念を打ち出し、中国人は、企業に勤務する際、自分の労働力を一種の「股」の代替と考えている、すなわち、労働者は、「股」出資者と同じようなつもりでいる、と指摘しています。

すなわち、表面的には、雇用者と被雇用者で上下関係があるように見えても、内実的には、被雇用者は、「股」の提供者なのだから、原理的には、共同出資者に相当するばかりか、労役を一つの「投資」と考えていて、会社が上げた利益を共同利益として、投資した分だけの取り分を主張できる、という精神が存在するわけです。

つまり、自分は、そこに雇われているというよりも、投資をしている「主人」だというのに近い考え方をしている可能性もあるのです。

5 グワンシの拡大としての中国人ネットワーク

世界に散らばるチャイナタウンは、中国の人々の互助組織の典型であり、いわば、グワンシの発展型である

ここまで見てきたように、中国独自の「関係主義」=グワンシを構成するのは、「縁」と「人情」でした。グワンシがなぜ必要だったかについては、ここまでにたびたび触れているように、中国の歴史的統治システムを抜いては語ることができません。

秦の始皇帝によってつくられた「帝政」モデルは、以後、数千年にわたる中国史を形づくってきましたが、中国という国のその広さ、大きさは、末端まで行政管理を行き届かせる国家としての適正規模をはるかに超えていました。帝政システムの限界は、末端の人民の福利を実現できなかったところにあります。

そのため、社会動乱と政権交代が繰り返され、そのたびに、人民は、為政者や権力者の搾取の対象となってきました。

このようななかで、中国の人々は、自己防衛、自助努力の能力を必然的に高めていかざるを得なかったのです。生活や生存の安全は、血縁者で構成した小社会で保障され、それは内的には「家」、外的には「弱肉強食」の社会を形成していきました。

このように、国家的組織が人民の安全保障を施せない環境において、「互いに助け合う」という精神が中国人社会に育まれ、いきおいそれが、前の項で触れたような、ときに日本人を戸惑わせる、異常なほどの他人への関心として表れたりしているのです。

そして、その自助努力、自己防衛のなかで、発展していったのが、そういう者同士の「互助組織」です。それは、いまも世界に散らばるチャイナタウンに端的に表れています。

中国大航海時代以降の移民の歴史上、海外にわたった中国人が形成したこの小中国は、今日に至るまで、中国国内におけるのと同様の「縁」と「人情」が機能する集団社会を維持しています。だからこそ、現代の移住者とも呼べる不法移民が海外にわたった際、最初に「援助」を求める組織であるとも言われます。

中国人のネットワークには、互いに矛盾する規範が同居し、それが大きな特徴となっている

チャイナタウンに代表されるように、グワンシが拡大した中国人のネットワークは、国境を越え拡がっています。そのネットワーク上で、中国人は商品作物を交易し、回収資金を送金し、送金中途で各種投機活動を営んでいます。

ただし、これは国家経済ではありません。地域と地域を結ぶ形、つまり、先に述べた「つながりの公」が膨張したものです。そして、これが一つの経済圏として認識できそうに見える根拠は、領域としての一体感であり、まとまりで、そこに中国人ネットワークの大きな特色があります。

では、その特色はどこからきているかというと、儒教から発生した家族主義、それを拡大させていった相互扶助や互助精神です。人口密度の高い中国で、人と人が協調して、資源を共有し、生活する、という思想を、最初に体系化したのが儒家なのですから。

それはたとえば、北京の中国民営企業研究所の沿岸地域に興った高所得企業や個人が、貧しい内陸部に莫大な数の「慈善事業」を興しはじめており、そのプロジェクト数、すで

に約一万件、国有企業から放出された失業者の七〇%を吸収している、という報告（北京人民大学民営企業研究所所長黄泰岩教授による研究）にも表れています。

この中国人ネットワークについて理解することは、中国ビジネスを展開するうえで非常に重要な視点ですが、丁寧に見ていくと、それだけで一冊以上の本になってしまうので、それはまた別の機会に譲るとして、ここでは最後に、そのネットワークが内包する一つの重要な属性として、「二重性」という性格を取り上げておきます。

「個」、「関係」、「互助組織」のいずれのステージにおいても、この「二重性」が見られ、それが、中国人ネットワークに独特の性格を与えているからです。

❶「帰属性」と「相互作用性」

帰属性というのは、「縁」が規定する内容で、その「関係」に固有な「属性」が、本人の意思とは無関係に与えられる関係で、そこには義務感の伴う一定の行動規範があります。

一方、「相互作用性」というのは、意思をもって積極的に「縁」を形成していく関係です。グワンシには、この二つが、混在したり交錯したりしています。

❷「作為」と「真実」

中国社会内の伝統的規則や規範の複雑さや頑強性によって、人はいつしか、作為的行為、つまり、表面的には要求される義務を喜んで果たす振りをしているが、心のなかでは背いている、というものを習慣化してきました。いわゆる、面従腹背です。

中国社会では、一種の処世術として継承されてきていて、日常化しているとも言えます。特に、パトロンとクライアントなどの上下関係には、常に見られます。

そこで、数々の関係のなかで、人の言行が作為的であるか真実であるかを、中国人は感覚的に選別しているのです。中国人とのコミュニケーションにはこのような一面があることを知っておく必要があるでしょう。

❸「機能性」と「情動性」

「縁」のない者がグワンシの樹立を試みる際、「縁」の代替として「感情」を醸成するということは、先に書きました。しかし、この「感情」にも二つの次元があり、一つは、交わりの目的が、互いの要求と願望を充足するための関係を樹立するためという機能的なもの、もう一つが、無条件の「情愛」というわけです。

無条件の「情」が醸成されていなくても、機能的な資源を与えることができるという関係は、「縁」のない者がグワンシを樹立する一つの重要な鍵であり、またこの機能性が高ければ高いほど、「縁」に基づく関係よりもさらに優先される関係となる可能性も十分にあります。

日系企業が中国人と提携する場合、相手が欲する高度な資源を持ち合わせていることが絶対条件であることが、浮きぼりになってくるのがおわかりでしょう。

❹「拝外主義」と「排他主義」

その長い歴史的経験から、中国人には、自己中心主義と外国に対する強い嫌悪感という「排他主義」的側面がある一方で、内在的脆弱さを補完する外国の先進技術や知識を渇望し、外国から当然要求できる保護や援助を期待するという「拝外主義」的側面の両方があります。

外国からの援助を直接的に表現して要求することはありませんが、間接的に相手にわからせようとして、あえて、過度な表現や言動をして相手の注意を引くという方法がよくとられますが、その背後には、外国からの援助や保護を当然要求できる、という暗黙の認識があるのです。

　このように、中国人の人間関係には、常に二重性が内在していて、それは、状況に応じて、変化したり、表れたり、潜在化されたりしています。

　思いもかけない言行が中国人から発せられて日本人が戸惑うのは、中国人の、この二重性によるものでしょう。

　ただし、それはそれとして受け入れるべきです。

　正反対の概念や価値が同居しているのが中国社会の特性であり、この事実を否定することはまた、中国文化を否定することになるからです。

　逆にこうした二重性は、ときとして、環境適応能力の高さにつながることもあります。状況や環境の変化に呼応して自らを変化させることができるからです。これもまた、中国文化であると言えましょう。

第5章 ◉ グワンシをいかに活用するか？ 日本企業への実践的アドバイス

デイヴィッド・ツェ
古田茂美

1 日系企業のスト事件、なぜ起こったか？

日本企業に真っ先に必要なのは、従業員との対話。対従業員のグワンシ

私（ツエ）は、第一章で、温州商人のビジネスの基本として、第一に、徹底した顧客中心主義、すなわち顧客とのグワンシ、第二に、従業員とのグワンシ、最後にオーナー自身の利益をもってくる、ということを紹介しました。それが成功の秘密でした。

その点から考えると、いまの日本企業が中国でのビジネスを成功させるのに必要なことの第一は、中国人の従業員と対話をすることです。おもねることではありません。ルールを非常に明確な形で伝えることです。

中国でも、多国籍企業ではルールは守られています。ですから、私たちの仕事はこうい

うルールで進んでいるからこれを尊重するようにと、丁寧に説明し、言い含めるのです。一般の中国企業は違うかもしれないけれど、私たち多国籍企業はこれがルールなのだと。そうやって、従業員に、倫理とプロフェッショナリズムを理解させるのです。

これが香港や日本なら、法を守らなければどんな結果になるか、言われなくても従業員は知っています。でも、中国人はそうでないかもしれないのです。結果が大事であり、ルールを守ることが大事だと、最初にきちんと伝えなければなりません。そうすればずっと楽です。

では、日本企業が「和」の精神、協力の重要性を教えたいときはどうすればよいか？　そもそも中国人労働者にそれを期待することは可能なのでしょうか？

でも、どだい無理だと考えていたとしても、それなら、日本企業のカルチャーを変えますか？「和」は日本企業の一部で、中国での仕事だからといって、自分たちの文化を変えたくはないし、変えるつもりもないはずです。だとしたら、最初からきちんと伝えるのです。

どんな企業も独自の文化を背負っており、アメリカ企業にはアメリカの、ヨーロッパ企業はヨーロッパの企業文化があると、そういうことを従業員にきちんと説明するのです。そうしないと問題が起こります。

日系企業のスト事件は、この対話がきちんとなされていないところから生じてしまったことだと、私は考えています。

真の問題は、給与格差そのものではなく、従業員を理解しようというセンシティビティの不足

日系企業のスト事件についてはニュースで読んだのですが、報道どおり、日本人と現地採用者に、五十倍もの給与格差があったのだとしても、私は、問題の本質は、サラリーに五十倍の差があることではなくて、会社と従業員の間にコミュニケーションが欠けていたことにあると考えています。対従業員のグワンシという点で、少々センシティビティに欠けていたのではないかと思うのです。

日本人は納税額が高いのだから、税金を考慮すれば五十倍もの差にはならないこと。そうでなくても、日本人エンジニアを中国に呼んで働かせるには、本国の家族支援もあるし、子どもの教育問題もあるし、状況がまったく違う。これだけの手当を支払わなければ、日

本の人は中国に来てくれない。そういうことを説明すべきだったのです。

だいたい、その日系企業は、事件があるまで問題点をしっかり把握していなかったのではないでしょうか。直接、現地社員を雇っていたのではなく、ジョイント・ベンチャーに任せていたものと思われますし。

相手側が事情を全部理解していることが大事なのです。ですから、対話をすることです。

私が子どものころ、私の母親は、日系の企業で働いていました。工場には、日本人のマネージャーが常駐し、場内はほんとうにきれいで、安全性も確保されていたそうです。ところがあるとき、そのマネージャーは、従業員の人たちが貧しく、常にお腹を空かせていることに気がつきました。彼は、それから、従業員たちに、朝食のパンを提供することにしました。

つまり、大事なのは、従業員の生活をほんとうに見ることができるかどうかということです。です。それは、ほかの人にやらせてはいけないことです。

この点で、ストが起こった日系企業には、やはりある程度の責任があると思います。

実際に、従業員がどういう生活をしているのか、家庭を訪れたことのあるマネージャーはいたのでしょうか？

従業員の家庭を訪問すれば、何をすればいいかがわかると思います。実際にそれを目にすれば理解できると思います。そうしていけば、従業員のマネジメントの仕方も変わっていくでしょう。

私の母親は、その繊維工場の上司をほんとうに尊敬していました。その工場で働くことに誇りと喜びを感じていました。近代的なマネジメントがやってきて、そういったものが失われてしまったとしたら、それはゆゆしきことです。

従業員との間のそのグワンシこそが重要なものなのですから。

従業員の立場になって、彼らを理解すること。優秀な人ではなく、適切な人を雇うこと

先日、ＩＣＢＣ（中国工商銀行）という中国の大きな銀行の頭取とお話をしました。およそ二万店もの支店をもつ大きな銀行です。

彼に、「従業員を雇う場合、何を基準に選ぶのですか？　もしトラブルがあったら、どうするんですか？」と尋ねると、彼は、「何もトラブルはありませんよ」と言いました。

たしかに、それほどの大銀行ですから、ほんとうに優秀な人たち、清華大学、北京大学などからもっとも優秀な人たちを雇っています。学生たちも喜んで入行してくるそうです。でも、私はそこであえて言いました。「たぶん、離職率は高くなると思いますよ」と。したがって、その取引コストも高くなるでしょうと。
「なんで、そんなことがわかるんですか」と頭取が聞くので、もうシンプルなことですよ、と答えました。

有能な大卒者であっても、最初は、いろいろな村の支店に配属されて働くことになります。将来性などとても感じられない村の支店でカウンターの仕事をしていると、おばあさんがやってきて、五元（約七十円）を預けましょう、十元を預けましょうと言ってくる。それでもうほんとうに、うんざりしてしまう。そして、転職を考えるのです。

これは、第二章で、若い社員の自殺者が多いことで知られるとしてご紹介した会社の場合でも同じでしょう。ここはまた、日系企業と同様、賃上げのためのストが起きた会社でもありますが、とにかく、もっとも優秀な大学から新卒者を雇って、そして、工場に彼らを配属したのです。

彼らのその知的レベルはほんとうに優れています。しかしながら、仕事はそれほどまでの知的能力を必要とするものではありませんでした。

夢や野望はすばらしい、能力もすばらしいのに、ほんとうにつまらない仕事に配属させてしまう。それで、彼らはハッピーになれるでしょうか？

こういったものが基本的な点なのです。必ずしも、もっとも優秀な人を雇う必要なんてありません。そうではなくて、もっとも適切な人を雇えばいいのです。

そうすれば、かれらも会社もハッピーです。

私の母親の親戚は、いまでは、工場をもっています。小さな下着工場で、九百人ほどの従業員がいます。ときどき見に行くと、従業員たちは、歌を歌ったり、手をつないだりして、工場に行っています。そして、仕事をし、歌を歌いながら、食堂に行きます。ほんとうに幸せそうに見えます。かれらの志、望みと、彼らの仕事が一致しているからでしょう。

日本企業が、これからもっと中国で成功するためには、従業員とのグワンシが必要です。そして、従業員との間にグワンシをつくるためには、彼らの立場に立って、彼らを理解しなければいけません。そうすれば、ソリューションが見つかるでしょう。

ソリューションというのは、あなたの心のなかに生まれてくるものだと思います。会社のリーダーとして、あなたは、自分の心のなかに、解決策を見出すことになるでしょう。

2 グワンシの肯定的側面を、いかに有効活用するか？

グワンシで扉を開けたら、後は、実績で、関係を築く

次に、グワンシの肯定的側面をいかに活用するか、という観点からお話ししましょう。グワンシ・ネットワークを企業力にいかに転換するかということです。

その方法の一つは、「境界線」を越えるための手段としての活用です。

たいてい、企業間のつきあいでは、最初のコネクションをつくるためには紹介者が必要です。ここでは仮に、ウォンさんとしましょう。そのウォンさんが、彼自身のグワンシ・ネットワークを使って、多国籍企業（＝あなたの企業）に対し、ビジネス・パートナーとして関心をもってくれそうな中国企業を紹介してくれます。

その紹介の後、あなたの企業は、注文をとりつけるために、他企業と競争することになります。

つまり、まず、あなたの企業に関心をもってくれる相手を探すのにグワンシを使い、また価格などで競争できるようにグワンシを使うわけです。そうすれば、中国側の企業は、あなたの企業が優れたビジネス・パートナーであることがわかります。

ここでいちばんよいやり方は、このウォンさん個人のグワンシ、すなわち関係を、企業レベルの関係に引き上げることです。

それを行うのは、実績です。個人的な紹介の段階が終わったら、後は業績次第です。行き着くところ、必ず実績です。これは、日本や欧米と同じでしょう。

きちんとした業績、パフォーマンスをあげられれば、グワンシは、企業レベルに引き上げられます。それによって、中国側企業は、ウォンさんの存在だけでなく、あなたの企業全体を知ることになります。

グワンシ・ネットワークは扉を開いてくれます。でも、その後は業績が鍵を握るのです。

日本企業によくあるケース❶ 会社だけでなく、個人的に利益を得ようとする中国人社員をどのように評価すべきか？

現実には、たとえば、日本企業の社員が中国のベンダー（供給業者）とコネクションをもっている場合、この日本企業の社員というのは、たいてい中国人です。この中国人社員は、会社に便宜をもたらすと同時に、個人的にもグワンシで得をします。日本人の上司は、この中国人社員をどう評価すべきでしょうか？

この場合、二つのケースがあります。

まず日本企業で、コネのある人ウォンさんを雇ったとします。中国の会社A、B、C、Dがあり、ウォンさんはこの会社全部にコネをもっています。

日本企業はこの四つの会社全部に紹介され、それぞれの中国企業内で適切なポジションにいる人と話ができるようになりました。権限のない人ではなく、権限のある立場にいる人です。日本企業は、それでもきちんと実績をあげなければいけません。企画書を出して、ほかの企業、アメリカの企業などと競争しなければなりません。

ところで、言うまでもなく、どのレベルの人を知っているかはとても大事です。社長を知っていたら、グワンシ・ネットワークは非常に強い。重役会にいる人、政府の内部にいる人を知っていたら有利でしょう。

さて、ウォンさんがグワンシのなかで信用されていれば、相手企業からの信用も得られるので、紹介が短時間ですみます。時間を無駄にしない、つまり取引コストが削減されるわけです。

次に、ウォンさんが個人的な便益を得る可能性についてですが、これは、第一に、ウォンさんの人間性次第です。

第二に、日本企業がグワンシのマイナス面からいかに企業を守れるかにかかっています。つまり、企業としてはグワンシのマイナス面への自覚が必要なのです。

いくつかの実践例があります。

一つはウォンさんを雇用した時点で、「あなたはどんなコネクションをもっているか。こちらはビジネスを公正にやっていきたい。グワンシに振り回されたくない。当企業が競争性の高い商品を出すことで戦いたいのだ」と話すことです。

つまり、ウォンさんに、この企業の文化は中国とは違うのだと言い聞かせることです。そうすればウォンさん自身も気をつけるでしょう、日本企業に信頼されたほうが自分の将来性もよくなると考えるでしょうから。後は、その人個人の問題です。

あるいは、ビジネス・パートナーに最初から、ウォンさんは二年で交替しますと伝えることもできます。二年というのは、グワンシを築くのには短いけれど、すでにある誰かのグワンシを最初の紹介・口利きに使うだけなら十分です。

それに、勤続年数が長くなると腐敗してくる可能性も高まります。もちろん個人によりますが、総じて、勤続年数が長くなればなるほど、腐敗する可能性が高くなるのは各国共通でしょう。

私（ツエ）の教え子で、中国で大企業フィリップスに就職した卒業生がいました。十六年間働いていました。多国籍企業は転職が多いですから、稀有なケースです。

実際、内部でグワンシ・ネットワークを築き上げて、どんどん転職していく人も多いのです。中国で二年勤めたら、その後、たとえばイギリスへ異動ということもあります。

ところが、この教え子は、フィリップスの消費財ラインの部署に勤め、結局、十の部署を転々として、そのうち九の部署を中国でトップにしました。十個目だけが二位でした。

十六年で十のうち九が一位です。

彼はクリスチャンで、清廉な人で、賄賂や腐敗を嫌い、悪事に手を染めませんでした。それできちんとチームを整備できました。

フィリップスは、彼が中国のジェネラル・マネージャーからアジア全体のジェネラル・マネージャーになりたいと考えているだろうと思いました。そこで、彼を昇格させようとしました。ところが、彼は、「できれば中国で仕事をしたい。そうでなければ辞めて、別の企業に行きます」と伝えたのです。

フィリップスは、彼に辞められては困るが、かといって、アジア全体のジェネラル・マネージャーも任せたい、はてどうしたものかと、私に相談にきたので、私は提案しました、「中国のジェネラル・マネージャーをやりながら、アジア・太平洋のジェネラル・マネージャーも短期間だけ兼任させればいいじゃないですか」と。

そうやって、彼は、フィリップスに十六年勤めたあと、自分のコンサルタント会社を起業するために、フィリップスを辞めようとしました。会社側は慰留し、結局、フィリップスの組織のトップ全員と話し合いをすることになりました。

こういうケースもあるのです。ウォンさんはひょっとしたら、腐敗してしまうかもしれませんが、会社側がきちんと彼の仕事に報いてやれば、腐敗せずにすむこともあるのです。

では、できるだけ腐敗させないためにどうすべきか？　ということについてですが、中国人を雇いたい日本企業は、最初に、ルール、将来のキャリアパスなどをきちんと説明する必要があります。

きちんと説明するためには、会社の機構／体制がしっかりしている必要があります。しっかりしていれば、グワンシの悪い面が出てくることなくすますことができます。

と同時に、しっかりしていても、それをきちんと伝えないとしたら、相手にとってはないのと同じですから、ちゃんと伝えるのです。ほんとうは、日本人でも、韓国人でも同じなのですが、多国籍企業が現地採用をする場合、現地の人が腐敗したり、やる気を失ったりしないように気をつける必要が特に高まります。

何度も言いますが、いちばんいいのは、コミュニケーションをよくとることです。

そして最適の人を見つけることです。

日本企業によくあるケース❷
一人の中国人社員のグワンシに頼らないですますには、どうしたらよいのか？

次のケースにいきましょう。グワンシをもっているホワンさんがよくできる社員だとします。でも、彼のネットワークが切れると同時に、会社の重要なビジネス関係も切れてしまうとしたら、これは困ります。どうしましょうか？

ここでも、二つのケースが考えられます。

ホワンさんが失敗してしまった場合と、別の人をそのポジションに据えた場合です。企業はたった一人の人に重要な地位を任せっきりにするわけにはいきません。常に代わりになる社員を置かなければなりません。

これは中国人に限らず、日本の会社でも同様でしょう。どんなに優れた技術研究所でも、そこをたった一人の優秀なエンジニアに頼るのは危険でしょう？　その人が心臓発作で倒れるとか、何があるかわかりません。

ＣＥＯであっても同様です。誰か代わりの人をきちんと事前に配しておく。つまりＣＥ

Oには副CEOが必要だし、ビジネス・パートナーには、副CEOもきちんと紹介するのがふつうです。要するに、その社員がいないと部署が回らないという状況をつくってはいけないのです。これは日本国内のビジネスでも同様だと思います。

ところが、中国人のクライアントに対して、ホワンさんがどうやら何かしくじったらしい、理由がわからないままに連絡が途絶えた。電話もメールも来ない。もちろん、ホワンさんといっしょにクライアント企業との関係もぷっつり途絶え、その後の修復は不可能になります。日本企業の方に聞くと、中国ではよくあることのようです。

こういう状態を防ぐには、こちらだけでなく、先方の会社の、ホワンさんがグワンシ・ネットワークをもっている人以外のスタッフも含めて、つまり、グループ全体、コミッティ全体で、話をするようにもっていくことが必要でしょう。

グワンシを、個人レベルからコミッティや集団レベルにもっていかないといけないのです。中国との関係をたった一人の中国人に任せっきりにしてはいけません。この人がいなくても、全体はつながっているようにしておく必要があります。

つまり、個人的なグワンシを、マルチ・レベル（多層）にもっていく、ということです。

すなわち、ここまでで大事なのは二つ。

グワンシに足を取られないように、企業のなかで制度化をきちんとすること。

それからグワンシをグループ化、チーム化することです。多くの場合、チーム化でうまくいきます。


でも、個人のグワンシ・ネットワークを使う際にいちばんいいのは、やはり紹介だけさせることです。企業はその後、競争性や実績を高めることに集中する。そのラインが一度できれば、紹介者はもうあまり重要ではなくなります。

最初のラインは個人だけですが、それがビジネス関係に変われば強くなります。

ダブルチェック、モニタリングは、必要か？

さて、もう一つに、ダブルチェックという方法があります。クロスチェックは、これをモニタリング、監視することです。任務の交代制という方法もあります。

中国のエグゼクティブが言うには、中国ではどんな組織も、社長やCEO、エグゼクティブなどの幹部は、従業員が不正をしないよう常にモニターやチェックをしているとのことです。これは報告制度などという生ぬるいものではなく、かつての中国共産党の監視のように、いつも監視しているようなものだとも聞きます。そして中国の従業員は、そうした常に監視下にある状況に慣れてしまっているとも聞きました。

ならば、多国籍企業でも、すなわち、中国フィリップスなりダイキン中国なりもこうした監視体制をもつべきなのでしょうか？

私自身は、できれば、バランスをとるために、相互監視をするのがよいと思います。不信感からの監視ではなく、従業員と対話をするシステムの構築です。

ただ、その場合も、企業は知恵を絞って、現場で何が起こっているかをチェックするシステムを複数もっていることも必要でしょう。グワンシの腐敗を防ぐための何らかの仕組みが必要だということです。

ある企業をコンサルティングしていたときのことですが、大きな投資会社が十億USドルで中国の企業を買収しようとして、私に、この企業は買う価値があるか評価してくれと依頼してきました。

私はその企業に行って、いろいろ話を聞きました。なぜ売れると思うのか、強みは何か、商品についてなど。総合的に検討した結果、買う意味がわかりませんでした。商品そのものがなぜそんなに売れるのかもわかりませんでした。ですから、評価価値を下げました。その会社が売れる唯一の理由は、非公式の何かがあったか、不適切なことが行われていたはずだと判断し、そのとおりに報告しました。

ほかにも、たとえば、日本企業が視察したところ、ある会社は同じ自社商品を企業ごとに違う値段で売っていた場合、そして、その価格の違いに合理的な説明が得られなかった場合、何かが間違っていると判断してよいでしょう。

こうしたモニタリング・システムがきちんと機能していれば、何か変なところがあればすぐにわかります。

例のフィリップスの卒業生も、いろいろな報告書から、おかしな不規則なことが何も見つからなければ、相手企業を信用してもだいじょうぶと考えていいと言っていました。

企業の報告制度は、それなりによくできているようです。

だから後は、たった一人のコネに頼るのではなく、多層的に関係をもつことです。

そうすれば不正の危険は減ります。危険があるとすれば、企業のほうが怠慢で、すべてをそのたった一人のグワンシ・ネットワークに任せてしまうことにこそあります。

3 中国人の特性を生かし学び、幸福な「関係」をつくる

前の項であげたのは、中国企業内においても必要とされる事柄でした。最後に、私（古田）から、日本企業が中国人の規範を理解し、その文化を尊重して、中国でのビジネスを成功させていくポイントについて、実例をあげつつ、ご紹介していこうと思います。

同業他社への転職を祝い、その後も、グワンシをもち続けることで資源を増やすイオンの場合

イオンは、一九八五年にマレーシア、一九八七年には香港に初の海外店を新設し、その後経験を積んで深圳、広州など、中国華南地区に出店していきました。同社の特徴は、日本の小売業技術を現地導入するだけでなく、積極的に地元中国企業の小売業から土着的政策を吸収していったことにあります。

その一つが、幹部がある日突然「社長、喜んでください、同業他社が二倍の給料を出してくれます。辞職させていただきます」と言ってきたら（珍しいことではありません）、そこで「おめでとう」という言葉を発するポリシーのことです。

香港ジャスコ元社長で、イオンの海外事業統括執行役員山口辰弍氏は、このポリシーを貫きました。

このポリシーが消極的なものではなく、むしろ経営上、積極的な政策であることを私が理解できたのは、イオンを辞職して同業他社へ移ったその元幹部が、出世し、業界で重鎮になるにつれ、その本人から華南地区の小売業情報を大規模に収集することができ、イオンの深圳進出に関して、その本人が支援をしてくれたという後日談を聞いた後のことでしたが、実は、この労務管理的発想は華人企業には普遍的なものでもあります。

香港財閥企業マイクロ・エレクトロニクス社（半導体製造の香港大手電子メーカー）社長のバーナード・ザオ氏は次のように語りました。

「華人にとって会社とは学習通過点であり学校でもある。自分は学校の校長先生である。ワーカーは工場で技術を習得し、いずれ故郷に戻ってその技術をもとに独立する。そのお陰で彼の親や子ども、家族一同が幸福になれれば、それが私の使命である。彼は同業で独立するため、半導体の地方ディーラーになるかもしれない。そうなれば自分が生産している製品の中国販売網の一環になることができ、当社の経営目的にも貢献するのだ」

日本企業経営者の中国事業の課題として、ワーカーや社員の定着率の低さがよく指摘されます。しかし、パソナ香港元社長の相原慈弘氏は、中国現地法人での華人労働力採用については、定着型人材と流動的人材の両方を想定して組織づくりを行うべきと主張しています。

元来、学習の場所として、また金銭を稼ぐ場所として企業組織を認識している労働者にとって、企業は安住の場所ではありません。ある程度の資源獲得が終了すれば離脱します。けれども、このイオンのケースのように、離脱してもその後の関係を絶やさず、むしろ、それまで蓄積したグワンシを土台にして関係をさらに発展させ、パートナーとしての位置づけを通じて、現地市場の情報入手源に変質させたという事例もあります。中国では、経過型企業組織のあり方を考える必要があるのです。

中国人の「公」への「私的関与」の特性をインセンティブとして、モチベーション管理に活かす

さらに、中国人における、日本的価値観とは相容れない「公」と「私」の関係についても、むしろ、「中国的公」の理解を前提に、私的関係の機能を逆に活用して影響力を高めることができるかもしれません。

私的関与の幅をある程度許容し、その見返りとして信頼関係を築くわけです。そのうえで、企業文化を認識させ、同化していくことで、会社に忠誠心をもたせていくのです。

その求心力の性質のなかに、中国文化を刺激する私的性質が感じとられることが、戦略上重要で、ここで、日本の公的概念を前面に出すことは得策ではありません。それは日本で通用することであって、ホスト国、中国社会では、それに代わる概念があるのですから。「英米ないし欧州企業が中国では健闘している」とよく聞きますが、それは、西洋企業が元来もち合わせている個人主義と競争主義が、中華的「公」に内包される「私的関与」と「公平な取り分主張」という属性に、親和性があるからでしょう。

これで、「中国では日本企業よりも欧米企業の人気が高い」と言われる現象が説明できます。つまり、欧米企業は、中国社会のこうした属性を、意図するしないにかかわらず、結果的に刺激して、経営成果をあげていると言えるわけです。

労務管理、人事政策においては、このように、従業員の心情に合ったインセンティブやモチベーション制度は不可欠です。

具体的には、「私的関与」、つまり「労役出資」に比例した「取り分」、つまり、対価報酬の明確化が労務管理に必要です。これらは決して、西洋経営学の実施ではなく、前の章で触れた「合股」の概念の発揮です。ブルーカラーでもホワイトカラーでも、ワーカーたちに存在する労役出資の意識を刺激するわけです。

まず会社全体の利益概念をワーカーたちに共有させ、利益が上がればそれに対し、資本提供と同じ感覚で役務提供したワーカーたちに、出資した分に比例させてボーナスを支給する。利益がマイナスになれば出資比率に合わせて減給することも可能です。

このような労務管理は、ワーカーや社員を企業のコストとして認識するのでなく、共同出資者、つまりパートナーとして認識することを要求しています。中国人の組織では往々にして、社長や上司とファーストネームで呼びあうことがあります。これは日本企業ではあまり見かけないことですが、ここにも、会社組織内の人間が、元来、共同出資パートナーであることの残存が見られます。

組織内に命令系統はあっても、基本的に、成員はみな平等であるという共同意識が存在する、というのが、中国人社会にとって本来の姿であるかもしれません。

中国での労務管理には、明確な業務定義、それへの対価、利益貢献への報酬など、きめ細やかなインセンティブ表現が必要と言われますが、以上がその理由です。

ただし、ここで、インセンティブというのが、必ずしも金銭的なインセンティブに限るものではない、ということもあげておく必要があるでしょう。

かれらには、血縁地縁社会への「恩」を返済するという目的があります。そのための資源には、技術の習得も含まれます。企業に滞在する目的には、投資回収以外にそのような学習目的も存在しているのです。したがって、インセンティブは、高い技術の習得でも、十分に成り立ちます。

つまり、基本は、やはり、グワンシへの理解です。それを理解して、労務管理と採用、組織づくりに活かすことです。

抽象な公的領域である企業に参画することで「関係」が築き上げられるのではなく、中国人は、企業組織の内外で「人」を介して「関係」をヨコに形成していく習性をもち、私的関係が公的関係で威力を発揮することもあるということです。

グワンシは、ヨコだけでなくタテの上司部下関係においても機能します。

第四章であげた、グワンシ構築のステップで、第一段階から第四段階目へ進んでいた場合、部下は上司に対して高い忠誠心をいだき、企業に定着し、企業を超えても、上司に対して、自己犠牲を発揮してくるはずです。

ただし、そうした関係を築くためには、第四章であげた太陽商事株式会社の筒井氏のように、部下の「家族」要因を十分に取り入れることが肝要です。

華人社会で上司に期待される資質としては、「君子像」に見る「徳行」と同時に、「兵法家」としての「術」の習得も要求されるのです。

中国人の特性を活かし、中国人の特性から学び、幸福な関係をつくる

中国人従業員の労務管理として、最後にもう一つあげておくと、ゆるいリーダーシップ

で自発性を発揮できるような環境が、かれらの能力を発揮させるのにふさわしいということがあります。

もともと、中国人の組織への従属感は絶対ではなく、組織への依存心は希薄なわけですが、その反動として自発性が発達しており、それが、組織の有効資源として効果が期待できるのです。

シキボウ株式会社の事例では、二〇〇四年春にはじめて、日本本社の一般総合職として中国人社員を誕生させました。それまでも中国の現地法人では大量の中国人社員を採用していましたが、本社の営業部では初めての採用でした。取締役会の反対を押し切って採用に踏み切った営業本部長は、後日、その社員の行動が、それまで日本人だけで占めていた営業部に相当な違和感を醸し出したことを語ってくれました。

では、その社員が日本人社員とまったく異なっていたのは何かというと、自発性だったというのです。

基本的指示を得た後は、現場で自発的に判断し、自発的に行動し、顧客やベンダー等との新規ネットワークを自発的に拡大していくこの社員の行動特性は、本社営業部の日本人社員とまったく異なっていたそうです。

また、先にあげたイオンの中国華南地区での成功の背後には、八五年以来、東南アジアや香港で培った小売ノウハウに加えて、中国ビジネス経営の性格が色濃く表れています。

連邦制といわれるイオンの経営組織はまた、ヨコ型ネットワークとしての中国企業組織に通じるものがあります。職場や担当者、各店舗の自主性を重んじ、ピラミッド型制御ではなく、独立した主体がゆるやかにヨコにつながる連邦制は、まさに組織らしからぬ、中国企業組織に近似しているとも言えます。

中国への進出も、労務管理を中心としたその維持発展も、たしかに困難を伴います。けれども、一見、理解不能と思われる中国人の反応も、その歴史的、文化的成り立ちを理解すれば、その特性を活かしてビジネスの発展に寄与できる部分はまだまだ多く、それを実行していくことで、日本企業と中国人従業員との良好で幸福な関係を築けるものと信じています。

参考資料

香港大学商学院華人経営研究センター研究論文

『グワンシ(guanxi)』～その有効活用と負の局面について～

“When Does *Guanxi* Matter? Issues of Capitalization and Its Dark Sides”

香港大学商学院国際マーケティング学部長　華人経営研究センター所長　David K. Tse
Flora F. Gu
Kineta Hung

July　2008

(訳責：香港貿易発展局日本首席代表　古田茂美)

【概要】

キーワード（Key Words）
グワンシ（guanxi）　私的つながり（personal connections）
転換期経済（transitional economy）
社会関係資本理論　（social capital theory）　中国市場（China market）

グワンシとは、企業が組織目標のために互いに便宜交換する際に使用する、持続的な社会的コネクションやネットワークに関する事柄である。

本論文は、中国という転換期にある経済において、グワンシが、ガバナンスメカニズムとして、どのように企業の市場競争力やパフォーマンスに機能するのかを実証研究したものである。

我々は「社会関係資本」理論を適用し、グワンシのメリットとデメリットを明らかにし、グワンシが企業のコア・コンピタンスとして内部化されるための企業プロセスを表そうと試み、方法として、中国消費財産業の主要企業282社の幹部サーベイ調査を実施した。

結論として、グワンシのマーケット・パフォーマンスに対する直接・間接効果は、経路能力(channel capability)および対応能力(responsive capability)において発揮されることがわかった。

また、技術革新の発生、市場競争激化が、その構造の弱体化に対する影響力(構造弛緩力structure-loosening forces)をもち、グワンシのガバナンス効果を軽減することがわかった。

さらなる結論として、企業は、グワンシ・ネットワークを通じて市場アクセスや企業成長を促進することができる一方、グワンシの効用を個人レベルから企業レベルに引き上げなければならないこともわかった。

さらに、グワンシは、負の面を有することを念頭に置かなければならないことも明らかになった。それは、互恵義務（reciprocal obligations）と集団的盲目（collective blindness）が内在するからである。

加えて、個人的ネットワークは、いかなる社会にも普遍に存在するが、中国では、それが、固有で、かつ、他と弁別できるほどに異なった社会機能を果たすという結論に至った。

【本論】

中国の膨大な市場に打って出ようとする企業にとって、避けられない大きな課題は、いかにして、中国の強力な制度枠組みの合間をくぐりぬけるか、その方法を決定していくことである。

中国では、フォーマルな機構（社会的、経済的、政治的機構）と社会的ノルマや規範の両方が、個人、企業そして政府の行動を支配していることはよく知られている。

すでに多くの学術分野、たとえば社会学、経済学、経営学における研究は、これらの制度枠組みが、いかに、企業間、あるいは企業と地方政府間の「なれ合い」構造を強化し、地方の経済的支配者やネットワーク資本家を創出してきたか、そして、それが自由な流通を歪曲してきたかということを指摘している。

これら制度枠組みは、不安定かつ不誠実な、それでも、変化を続けるこの中国市場にあって、企業の内部においては、企業内資源の評価や分配の方法を支配し、企業の外においては、複雑な企業間、企業と政府間の関係を規定しているのである。

企業が、制度的障壁を迂回するのに有効なのが、通常、私的な連帯関係として概念化されているグワンシ（guanxi「関係」）の使用だ。多くの研究が、さまざまな「関係性」によるガバナンス・メカニズムと、それが働くプロセスを明らかにしている。

グワンシは、中国人の集団主義文化の直接的産物で、中国では、何世紀もの間、人と人との間の調和を維持するために、便宜や贈り物の相互扶助的交換システムが構築されてきた。

グワンシは、日常生活の一部であると同時に、フォーマルなメカニズムが崩壊した際の、代替メカニズムとなり得るものでもある。

企業レベルでは、グワンシは、対話の契機をつくり、信用を築き、企業間の便宜交換（供与受諾）を促進する。それはまた、企業活動において、政策が変動する際に、その制度的障壁や不安定性を克服する能力すら与える。

主要な研究結果には、グワンシが、中国における企業活動を事実上、「支配」し、あらゆる産業、あらゆる地域において、企業パフォーマンスを左右していると断言するものまである。グワンシに関する新研究が増大してきているいま、中国という転換期経済（transitional economy）におけるマーケティング戦略にとって、本テーマは極めて重要性を帯びてきたと言える。

本研究の第一の課題は、グワンシと中国におけるマーケティング・パフォーマンスとの関係である。最近の研究によれば、中国における企業パフォーマンスを説明するうえで、グワンシの役割低下も確認されてきた。企業の政府との連携は重要であるものの、企業パフォーマンスを誘導する企業戦略のほうがむしろ顕著になってきている。

それらの研究では、グローバル・コミュニティからの要求と、国家の経済発展要求の存在に企業が呼応していることを確認している。つまり、グローバリゼーションがもたらす成長への要求、中国のWTOコミットメントへの努力が問題のシフトを起こし始めているのだ。

つまり、グワンシ研究の焦点は、こうした変化のなかで、企業が中国市場でシェアを伸ばし、成長していくうえで、グワンシは依然として必要なのかどうかという点に移りつつあるわけだ。

第二の課題は、企業が営業成績のためにグワンシをどのように活用できるか、である。

中国では、企業が強いグワンシをもつ人材を登用する傾向があることがわかっているが、グワンシが「原始的」状態、または「非組織化」状態にあると、企業は、その強いグワンシをもった人間の餌食になることがよくある。

そして、いったん、そのような人材が企業を去れば、企業間関係も企業政府間関係も、リスクにさらされてしまうのだ。

これは、中国企業、外資企業を問わず核心的な課題で、企業幹部は、企業が競争していくための中核的競争力を構築するのに、いかにグワンシをうまく活用できるかという戦略的課題に直面しているのである。

第三の課題は、グワンシの暗い側面、つまり、企業パフォーマンス破壊効果の可能性である。グワンシは、中国の複雑な制度のなかを進んでいくのに不可欠な存在である一方、そこには、相手企業から受けた便宜への返済要求も伴うことを忘れてはいけない。それは地方政府の場合もある。学者らは、グワンシがマイナス効果をもたらす可能性を指摘してきた。それらは企業幹部が背負う個人的負債、グワンシ・ネットワークが崩壊したときのドミノ効果、市場環境が変化した際の集団的盲目などといった形で現れる。

我々は、社会関係資本理論を援用し、人的関係性がもつ、情報、信用、制御についてのメカニズムを明らかにし、中国では、グワンシが企業成績を左右する顕著なガバナンスシステムであると仮定する。

そして、グワンシと企業の経路能力、グワンシと企業の対応能力、それぞれの相関関係について実証的測定を試みる。それによって企業が競争力を強化するのに、グワンシをどのように活用できるのか、そのベストなあり方を見いだしていく。

我々はまた、市場の不確定性と技術革新の衝撃が、グワンシ効果を弱める機能にも着目し、環境が変化した際のグワンシのマイナス効果をも測定することにする。

端的に言えば、我々の研究目的は、

① グワンシは依然として重要なのか？

② グワンシは企業パフォーマンスにどのような影響を与えるのか？

③ グワンシはどのようにマイナス効果を現すのか？

この三つのクエスチョンに応えようとするものである。

我々は、仮定の検証を行うために、中国全土の４８分野の消費財製造企業２８４社の戦略事業室幹部に対し、サーベイ調査を施した。中国の消費財製造産業は、その他のサービス分野、たとえば、鉱物、公共財、金融、高度技術、ならびにパブリックサービスなどと比較すると、外資企業の参入に対して寛容であり、組織化がされていない産業群でもある。よって、我々のグワンシ表出測定研究は、比較的保守的な文脈で行われることを冒頭で断っておきたい。

【概念的枠組みと仮説】

なぜ、グワンシが問題か？

企業間作用における社会連携性については、長年にわたり、リレーショナル・マーケティングの分野において、その重要性が確認されてきている。リレーショナル作用パラダイムは、社会的義務や信用ないしその他のガバナンスシステムが、企業間協力やコミットメントや忠誠心を強化し、環境不確実性を緩和する機能をもつと指摘している。

これは、個人主義的社会や確立した法制度、専門的制度が前提となった社会で生まれたパラダイムであり、これまでマーケティング・チャンネルやサプライ・チェーン研究の中核的理論として君臨してきた。

一方で、社会学者や心理学者、経済学者、経営学者らは、リレーショナル作用パラダイムは、文化によって差異が認められ、グワンシは中国社会固有のガバナンスメカニズムであると指摘をしている。

次の表は、これまでのリレーショナル作用とグワンシについて、その構成物の源泉や、機能メカニズムや効果などの観点から、観察された違いについて列挙している。

グワンシ・ネットワーク
中国文化でポピュラーな社会的繋がり、絆としてのネットワーク
集産主義者一家庭主義者（1995 年フクヤマによる資料より）のネットワーク その他の社会的繋がりに優先した身内の絆と忠誠心によって構築されるネットワーク
個人を義理合いの関係網の一部分と見なす考え方。内集団へアプローチする傾向にある。内集団への支持が強い。
家父長的な性質、村や一家庭で築かれる
個人の社会的行動が増えるにつれ、ネットワークも拡張する。またそれぞれが譲渡し合うことによってネットワークが更に発展する
ひいきすること・されること、相互関係が義務的精神や忠誠心に繋がり、グワンシ・ネットワークが発生する
・親類関係、またそれに類する密接な関係が要因となる ・強く結ばれた社会的繋がりが強いグワンシ・ネットワークを生む ・定期的に成され、後に社会的基準となる
起業家や企業にとって重要な資源である

グワンシ・ネットワーク
ネットワークにの個体に参加を義務づけるため、影響力は強い。企業レベルまで高めることもある
強い。意識レベルで統合を強制する場合もある
以下に基づいた連帯意識が発生する：同族意識（親類、同郷による）、特徴の類似（出身校が同じなど）、共有した体験（長征など）
・相手に尊敬の念、敬意を払うことに繋がる（血筋や地位などによって） ・環境を保持することができる。また、特殊な情報網へのアクセスが可能である
・贈賄、買収など違法行為を生む可能性がある ・過度の依存関係によるドミノ効果
・移転拡張可能 ・連帯意識により強く結ばれる
・世代から世代へ受け継がれる

グワンシーネットワークと通常の関係の違い

要素	通常の関係
原始的要因	個々が形成する社会的ネットワーク
文化的背景	個人主義者 または古くから設立された組織（行政機関、専門機関）
作用の法則（標準）	他者と社交する際、意識的にコストベネフィット分析など計算し、あらゆる可能性を考慮し二者択一する
初期構成	個人の社会的行動が増えることによって発生する
成長と拡張	個人の社会的行動・活動によって発生する
作動原理と過程	協同すること、社会的義務など、社会的基準における信頼によって発生する
社会的資本要因	・個人、また個々の企業が独自に築いた提携関係 組織だった構成がゆるく成されている（1995 年フクヤマによる資料より） ・行われるのはまれである
団体資源としての要因	あまり行われない
ガバナンス	**通常の関係**
関係から発生する利益	弱くわずか。一般的に、理解できる程度で行われる
ネットワークで共有する価値	共通する価値は存在するものの、統合を強制するものではない
日常での形	相互依存関係が発生する。他者に利益を与え、また与えられる関係を築く能力を保有する
プラス効果	若干不安定な環境内で、義務として、また社会的基準としての効力を発揮する ・平等でオープン、強い関係性を築く可能性を持つ
マイナス効果	・オープンな競争から生まれる不確定要素 ・関係性交換が消滅した際発生するコスト、損害
効果の持続期間と応用	・拡張は限られる ・それぞれの団体の独自性に左右される
できる度合い（拡張性）	・関係性交換は撤回し解放することができる

グワンシは、集団主義社会から発生し、そのリレーションの中核は父系性社会である。厳密な父系性グワンシ社会に生まれた子どもは、その構成メンバーから便宜を享受する一方、将来はそれに対する互恵の返済義務を負っている。

個人主義的文化を踏襲する国々では、社会的ネットワークが往々にして、相互に補完的能力や資質を有することで、結束し助け合いを実施する「自発的構成員」で形成されていることを思えば、グワンシの独自性が理解できるだろう。

中国社会で日常的に不可欠なグワンシ・ネットワークは、その日常生活機能の中核的属性として発展してきたのと同時に、個人や企業家がフォーマルな制度や資源を獲得できない際に、よりどころとする社会関係資本（social capital）として、中国のビジネス活動における特徴的なガバナンス構造へと発展してきた。

それは境界を伴う団結性であり、そのリレーションシップは時間を経て深化していくものである。

中国および、その他の集団的文化における、ガバナンスシステムとしてのグワンシ

グワンシの際立った属性は、社会関係資本理論で明らかにできる。

社会関係資本は、強力な地域社会連携から発生する資源で、たとえば、ニューヨークにいるダイ

ヤモンドを扱うユダヤ商人たちが、大量の検査用宝石を契約署名なしに互いに貸し借りすることもこれにあたる。このような危険性ある交易を、法的費用をかけずに実施できる能力は、不義理を働く者は永久追放されるというような、強力な制裁力を内包する社会領域で発生している。

社会関係資本は、ほかにも、さまざまな中核的社会関係性から抽出される。中国、イタリア、イスラエル、韓国といった集団主義的文化にいる人々は、家族とか血縁関係から重要な社会資源を調達する。これはラテン系文化にも言えることで、そこでは家族的絆が重要な社会資源を構築している。

しかしながら、中国のグワンシは、他の集団主義的文化にも同類があるものの、それでもなお、その機能はユニークであると言える。

中国のグワンシは、集団主義的文化における権利義務関係と同時に、一般的な社会的絆以上に持久性ある血縁関係を好む、という彼らの価値システムの両方から形成されている。

しかし、同様に集団主義的文化を有する日本においては、家族中心的社会と異なって、何世紀も前から、非血縁的社会関係性なる制度を構築してきており（たとえば、家督にも組織にも非血縁的領袖を採用してきた）、企業といったような中間組織に社会資本を蓄積してきた。そこでは創業者や所有者とは何の生態学的関係もない社員たちが組織を経営している。

よって、日本文化では、社会的一派（企業）への忠誠が、家族への忠誠を上回る。特権をもったエリート集団であるケイレツは、その資本や技術、人材を、他の組織と表面的には共有しつつも、その手法は、ネットワーク外には開放しないといった形で行われている。

時間の経過とともに、中国のグワンシは、ユニークな拡大規範、機能メカニズム、そして企業へのインパクトを伴って、強力なガバナンスメカニズムとして進化してきた。帰属的属性、醸成された性質、経験の共有などは、グワンシを拡大する自然な基盤である。

グワンシはまた、信用や関係性絆を互いに交換することによって構築することもできる。AがBをCに紹介すると、Aは信用と関係性絆を移動させて、BとCの関係性を「裏書き」することになる。

これでグワンシは、共有された絆と義務の潤沢な束をさらに拡大することができる。多様なパートナーとの自然な絆が欠落している個人や企業にとっては、このプロセスは極めて有効であり、これは、通常、移動困難なリレーショナル作用とは対照的である。

中国文化の制度化された贈答および便宜の交換は、グワンシを維持するうえで重要な行為である。グワンシが維持されるのは、その潜在的な互恵返済の義務感によって、さらに、「面子を保つ」という動機によって、受益者は便宜を必ず返済せねばならないからである。こうして、時間の経過とともに、交錯した互恵的義務的関係性が構築されることとなる。

しかし中国でも、より市場化が進んだ香港や台湾など、社会的交易のためにほかのフォーマルな制度が確立し、それが効率よく機能している場所では、グワンシの発露が相対的に低いことに気づく必要がある。

文化を横断するリレーショナル交換と私的便宜

我々は、グワンシ機能の中核的メカニズムである私的便宜が、あらゆる文化において存在していることを認識している。たしかに、あらゆる社会で、OB・OGなるネットワークが信頼性と友好性の私的ネットワークを顕著に意味することはよく知られている。しかしながら、多くの学者が、西側諸国ではリレーショナル作用が典型的に脆弱であること、使用頻度が低いこと、このような共通価値を前提としていないことを指摘してきた。

一方、中国においては、グワンシの活用頻度は高く、ときには、価値観の共有をも醸成することがある。前ページの表が総括しているように、グワンシは、中国の社会規範によって築かれた、中国特有のリレーショナル交換の形であることを、本論は主張しているのである。

端的に言えば、リレーショナル作用の発露や基準は、どこの文化にも存在するが、その代替的機能やガバナンスメカニズムが欠落する中国においては、グワンシがユニークな形態で進化してきたのである。

たしかに、リレーショナル交換とその基本的ルールは本質的には普遍的と言えようが、中国における、その支配力と機能するためのルールは、世界のどのケースよりもグワンシを際立たせていると言える。

中国における企業の経営資源および資本としてのグワンシ

中国のビジネスインフラや関連制度は非効率的だと言われる。そこで、グワンシが個人のレベルから企業レベルに移動して、企業間交換の円滑化に活用されることとなる。

この移動は二通りの方法で発生する。

第一は、「延長した自私」のコンセプトを通じて起こる。

つまり、AとBの間に私的契りが存在すると、Aがビジネス的交換上での便宜供給を要求した際、Bはそれを拒絶することができない。さもなければ、Aは礼を失したと感じ、「面子」が喪失した状態となる。このプロセスが私的グワンシと企業グワンシを束ねていく理由となる。

このプロセスはまた、逆方向にも機能する。AはBに対して、個人的な義務返済のために、Bが関与するビジネス交換へ、よりよい案件紹介なり情報提供なりで、Bにとって有利な便宜を図ることになる。これによって、多くの先進経済や香港ですらすでに法的に禁止された企業間交換（と企業間便宜）の私的化が発生するのである。

逆に言えば、企業は、必要な資源や庇護を獲得するために、私的ネットワークを使うことができるのである。

グワンシはまた、制度的障壁をバイパスする方法の一つであると言われている。さらに、制度が脆弱ないし整備されていない環境においては、グワンシ自身が「制度代替メカニズム」でもある。また、資源論を援用し、グワンシが企業の経営資源であり、企業の競争優位強化や業績向上に活用できると主張する説もある。

グワンシを通じて、企業は血縁エリート・ネットワーク、血縁資本家・ネットワークを形成する。そして、地方政府と協調することで地方経済勢力となり、いわば戦国武将になっていくが、グワンシは基本的に諸刃の剣でもある。義務関係によってつくられたネットワークは、企業を不正行動や破壊へ陥れることもできるため、企業の負債としての機能をも併せもつ。

我々は、このような議論を拡充していき、グワンシがどのように機能して、中国における市場業績に影響を与えるのかを説明できるグワンシの多面的モデルを構築してみた。それが226ページの図である。このモデルによって、グワンシの企業実力に対する直接的、間接的影響、また、市場勢力によるグワンシへの影響を説明できると期待している。

グワンシのブランドマーケティングに対する影響のしくみ

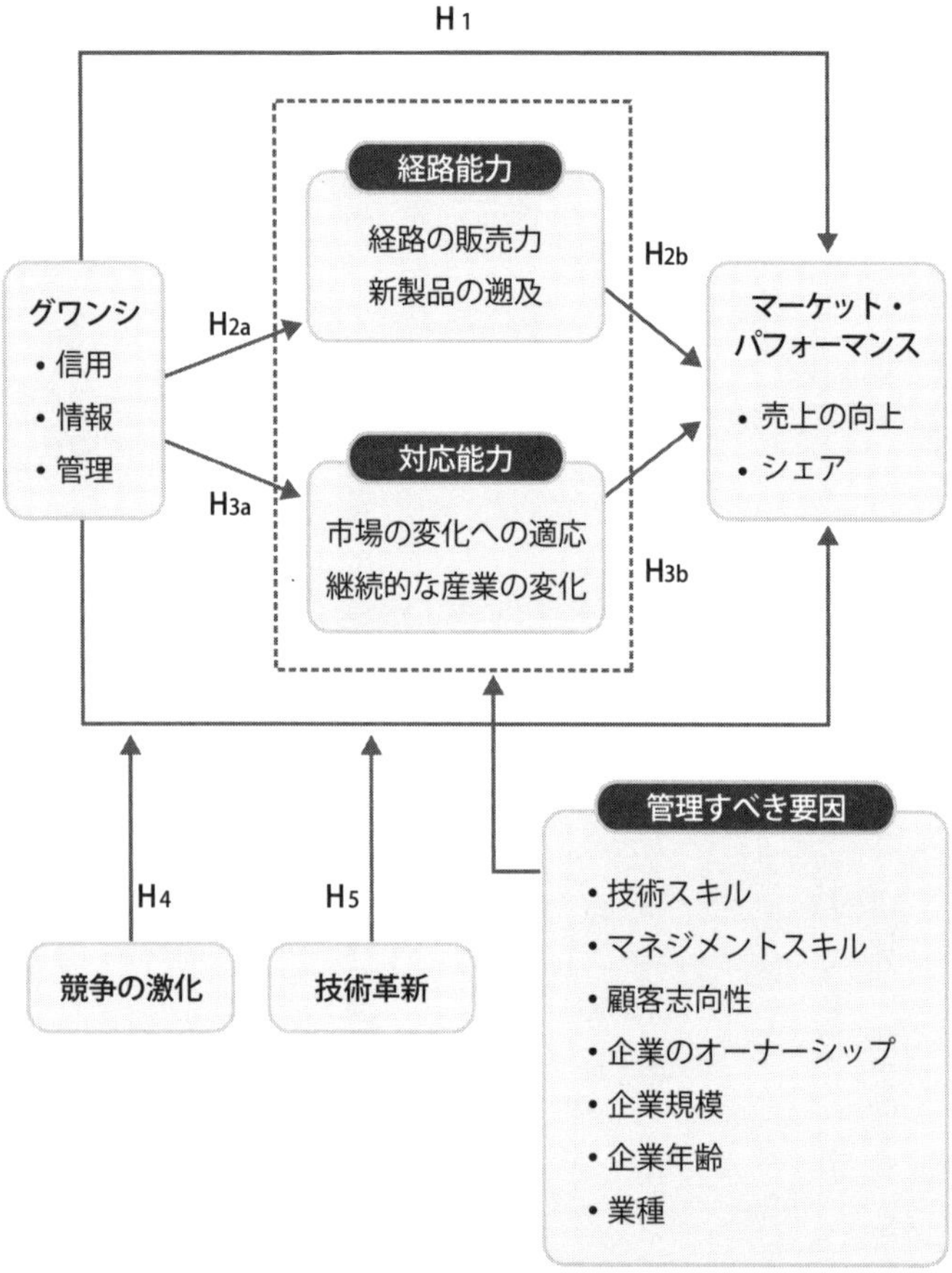

グワンシはそれでも問題なのか？
ブランド・マーケティングへのグワンシの直接的影響

グワンシが、企業の資源へのアクセス力の強化に顕著な役割をもつことから、企業はグワンシを醸成し、社員からもそれを要求する。このような企業間交換の形は、資源腑存がより少ない企業にとって特に重要だ。

実際、国有企業が資本へ容易にアクセスできたのは、やはり国有である銀行から融資を受けやすい状況にあったからである。少し前までは。よって、国有企業の社員とグワンシを築けば、容易に金融資源への機会を開けることになる、というわけだ。

地方政府と個人の両方が所有する集団所有の企業は、往々にして、より多くの庇護を受け、またより優位な税率適用を受けることができる。これら企業と提携することは、地方市場への浸透を確実にする戦略的一歩となるだろう。

政府役人とグワンシを築くことは、ゲームのルールを理解し、よりよいポジションを確立するうえで有効だ。たとえば、土地収用、ライセンス、流通権などのチャンネルを開くうえで大いに役立つ。かくして、対外的広がりをもったグワンシは、企業の「交換可能な」資産であり、企業業績に影響を与え得るのである。

中国の近年の改革が、効率的なビジネスインフラを構築しており、抜本的に、グワンシの役割を変化させてきているという報告もあるが、それでも、グワンシの深い文化的根幹は依然として健在である。

我々の研究は、中国国内のブランド消費財業績に対して、グワンシがいかなる影響を与えるのかを明らかにすることである。

主要な研究が指摘するように、中国国内ブランド・マーケティングでは、その経路管理（channel control）が中核的意義をもつと思われる。

中国の複雑で多様な流通システム、および、非効率な物流システムに鑑みて、我々は次のような仮説を立てる。

仮説H1

企業内のグワンシ・ネットワークは
ブランド・マーケティングに有効効果をもたらす。

グワンシをいかに有効活用するのか？
経路能力（channel capability）と対応能力（responsive capability）の強化

企業が有効なグワンシ・ネットワークを構築したら、次なる課題は、それをいかに企業の競争力増強に活用できるかだ。企業レベルと個人レベル間の境界が曖昧な状態のなかで、個人的グワンシを企業レベルにまで昇華しなければならない。

優秀な企業は、スタッフのグワンシ資源によって、企業の経路能力（channel capability）拡大に寄与させ、対応能力（responsive capability）を改善し、ブランドマーケットの成長につなげていく。

経路能力というのは、対象としている市場に製品が確実に伝達されることを意味する。依然として分断された中国国内市場は、非効率な物流システムやインフラによってつながれており、そのなかで、強力な経路能力（channel capability）の有無が企業の中核競争力を左右することになる。

対応能力とは、市場変化を読み解き、効果的に対応する能力である。多くの研究が指摘するところによれば、環境の不安定性が高いマーケットであればあるほど、対応能力は企業の中核的競争力となり得る。とくに中国のような転換期経済においてはなおさらだ。さらに、中国の産業横断的改革は必要かつ頻繁である。

よって、変化を通じて、事態を予見し航海していくことが企業の成功に不可欠な能力である。

なお、社会関係資本理論の下部理論である社会ネットワーク理論では、社会的連携性（connection）から獲得できる三つの中核的利益は、「信用（trust）」「情報（information）」「制御（control）」であるとされている。

我々の研究文脈においても、これら三つがグワンシ・ネットワークから獲得できる利益であるという前提をとり、それが企業の経路能力（channel capability）と対応能力（responsive capability）を強化する競争力の源泉となると考える。

次に、それをさらに検討する。

グワンシは
企業の経路能力(channel capability)を強化する

「信用」の蓄積を通じて、グワンシは、企業の経路システム(channel system)を通じて、パートナー企業との間に、友好性と協調義務感を醸成していく。

これらの共有化された価値観と義務観は、経路パートナー(channel partner)同士が協働して、市場を拡大させてゆく土台づくりに決定的な材料となる。これは、中国という急速に拡大する消費財市場の流通経路においては、特に言えることである。

経路メンバーの信用性や尊厳において、互いに信頼しあうことが明示的に確認され、長期にわたって強化されると、協働作用の強化も起こりやすい。

経路メンバーは、企業が環境の脅威に抵抗しようとする際、それを助けることがある。なぜならグワンシでつながっているメンバーは、そのような脅威が消滅した暁には、なんらかの利益が返済されることを期待して、自ら犠牲を払ってでもパートナー企業を救おうとするからである。端的に言えば、グワンシは、企業間取引コストを軽減し、さらに、企業間関係に顕著な問題である機会主義的行動を抑圧するのである。

グワンシはまた、それに内在する「制御(control)」によって、経路能力を強化することがある。

便宜や義務の複雑な網のなかにあって、グワンシによる「制御」の恩恵は、企業レベルでも個人レベルでも有効だ。

中国の国有企業と地方政府所有企業は真っ先に協働する組み合わせだが、両者は、組織風土やオペレーションの仕組みを共有することで、より効率的で効果的な経路統治が可能になる。さらに、企業間の便宜移動も容易になる。

個人レベルについては、よりよい結果を出す社員は、ほかの社員との間になんらかの義務関係を構築し、便宜の返済を促進しているからだという報告もある。

中国のブランドマネージャーらは、経路システムのなかのマネージャー、あるいは政府内官僚らとの間にグワンシを築き、なんらかの義務関係を構築しているもので、その義務勘定が超過になっている場合は、経路パートナーの姿勢や意思決定や行動に対して、相当の制御力を発揮できるのだ。

このように、グワンシに内在する制御力によって、企業レベルでも、個人レベルでも、経路能力を強化することができる。ここにおいて、グワンシの内在的利益は、企業の経路能力を向上させ、よって企業のブランド・マーケティングにも好影響を与えるのである。

そこで、次の仮説を立てる。

仮説H２a
企業のグワンシ・ネットワークは、経路能力に好影響をもたらす。

仮説H２b
企業の経路能力は、ブランド・マーケティング業績に好影響をもたらす。

グワンシは企業の対応能力（responsive capability）を強化する

グワンシはその内在する「情報（information）」と「制御（control）」によって、対応能力（responsive capability）を強化することができる。

「情報」には二種類あって、一つは情報アクセスであり、一つは情報の解読である。

情報アクセスというのは、グワンシ・ネットワークへの接触によって、企業が多様な情報源にアクセスすることができることを示す。さらに、その情報は高品質で、かつ、低コストで敏速に入手できる。
取引コスト理論の観点から見れば、グワンシ・パートナーたちは、相互利益のために情報交換をし、情報収集コストを効果的に軽減している。情報の多様性と品質、そして敏速性は、環境への対応能力を強化し、環境の脅威への脆弱性を補強するのである。

情報の解読については、中国政府は恒常的に中国内ビジネス慣行の障害を緩和する政策をとっているため、次々に数々の情報が発布される。このため、それらの情報の意味を正確に解読していくことが不可欠となる。

ことに、外資企業にとって、中国の国内情報はきわめて曖昧だ。しかし、中国政府が発信する多くの情報が解読されないままでは、企業は環境の変化に対応できない。

こうしたなかで、グワンシ・ネットワーク内にいる企業は、中国の変化する機能や性格、あるいは市場の性質、あるいは政府新政策などについて、たとえばネットワーク内に属している政府官僚の支援などによって、必要な情報の解読をすることができるのである。

23件の中小企業研究に対するフィールドワークでは、グワンシ・ネットワーク内にいる企業が、環境のシフトを活用し、提携先企業に素早い変化を促すことができると認められた。これらの共同行為や協調義務関係は、不安定な環境において、企業に対して相当な制御力を与えることができる。

エージェンシー理論の観点に即して言えば、グワンシ・ネットワーク内の良好な企業間関係から発展するこの制御力は、企業の環境対応能力を著しく強化し、企業業績に寄与していると言える。

この議論に即してさらに言えることは、中国のような管理経済においては、グワンシ・ネットワークは、制度確立の不備や情報の非対称性に対する実践的な対応能力を供給しているということだ。

選択的（preferential）であり、相互扶助的であり（reciprocal）、高度に私的（highly personalized）なネットワークに属することによって、マネージャーは、環境に対する情報、たとえば政策変更や産業再編などに関する貴重な情報を得、変化を予見して敏速に対応することができるのである。

ここにおいて、我々は、グワンシが、企業の環境対応能力など含め、間接的に企業業績を向上させると仮定するものである。

仮説H３a
グワンシ・ネットワークは
企業の対応能力構築に有効である。

仮説H３b
企業の対応能力は
ブランド・マーケティング業績向上に有効である。

グワンシが弱められるとき。
市場力によるグワンシ効果の軽減

どのような社会においても、資源や能力、あるいは行動システムが当初の予想に反した結果を生み出すことがある。目的志向の行動が、ときに必要な変化を妨げ、環境力学のなかで債務を発生させることもある。グワンシもまた、特殊な状況下では、顕著な債務を発生させることがある。さらに、グワンシの負の側面が、本来の利益を相殺してしまう効果も実は存在する。

グワンシの逆効果については、二つの局面が観察されている。

第一は、良好な契りの連携が「盲目的契り」に変化することである。強いグワンシは埋め込まれたものが多すぎて、新しい考え方をネットワーク内に受け入れる選択余地を制限する可能性があるからだ。こうして、グワンシがネットワーク内で企業を盲目にしてしまうのである。

第二に、グワンシがネットワーク構成員に過度な義務の負荷を負わせるかもしれないということがある。これについては、グワンシは、すでに費用対効果の面で反対効果を出しはじめている。

グワンシの負の側面について、グワンシ効果の領域条件を確定するために、本研究では、「競争の激化（competitive intensity）」と「技術革新による動揺（technological turbulence）」を使って、中国における、既存制度を変化させる動力について検討する。

なぜ、この二つの要素を取り上げるかというと、国家が改革と市場化を推進する際には、この二つの要素は、典型的に、既存の強力な関係の価値を弱める効果があることがわかっているからだ。たしかに、これらの動力にはグワンシ・ネットワークの中核を揺さぶる機能があると考えられる。

まず、「競争の激化」についてだが、これは、企業が当該産業内において直面する競争の深さを意味する。

激烈な競争というのは、激しい価格競争や、おびただしい広告競争、投入製品の膨大な種類や市場参入者の増大、といった形で発生する。

激烈な競争市場で操業している企業は、必要な利益を保てるかどうかにその生存がかかっているが、その場合、とりわけ同じバリューチェーンに存在する他企業との関係に摩擦や係争を発生させる可能性がある。それによって、もともとグワンシ・ネットワークにいたほかのメンバーとの連携や相互支援の絆を崩壊させるかもしれないのである。

競争激化はまた、同様の資源を代替ルートで入手する選択を促進することがある。代替ルートが拡大すると、グワンシ・パートナーへの依存度は低減する。

すでに消費財企業の多くが、広告企業の対中参入増加に伴って、取引する広告エージェントを分散させていることを指摘した。こうした企業の姿勢の変化は、まさに、グワンシ・ネットワークの弛緩化を示している。

競争の激化に伴い、以前は大企業だった組織がネットワーク利益を喪失しはじめ、一方で、資源が脆弱な企業群がそれを獲得しはじめている現象が、現に起こっている。

端的に言えば、根拠のないグワンシ依存によって発生している「集団的盲目」や「義務関係の増大」による負荷は、激化する競争状況においてはむしろ有害をもたらすと言えるのである。そこで次の仮説を立てることができる。

仮説H4
競争激化は、企業のブランド・マーケティング業績におけるグワンシの有効性を軽減する。

次に、技術革新による動揺について考察する。当該産業における技術革新の進展とその速度は、グワンシ・ネットワークメンバーとの長期の関係性維持に対するニーズとは、反対方向に働く作用をもつ。

よって、技術革新が急速に進む産業において、新技術を身につけ、より高い生産性を確保した企業は、それまでのグワンシに対しては批判的姿勢をとることとなる。

既存のメンバーのみとの取引関係では、より有能で効率の良いパートナー選択の自由を疎外されるかもしれない。グワンシの内向的システムでは、相手との関係性構築に時間がかかりすぎて、新メンバーが受け入れられないかもしれない。

新参入者と協働することに対する躊躇性や、過去への惰性は、それによって獲得できたはずの技術優位や、それを源泉とした競争優位獲得の可能性を軽減してしまうのである。

加速化するグローバリゼーションや技術革新によるネットワーク構造を弱体化する作用は、ビジネス機会の再分配、産業構造のシフトや産業界やネットワーク内メンバーにおける支配力の再分配をもたらす。

つまり、技術革新が著しい市場で結果を出すためには、昔の友人に依存するのではなはだ効率が悪い。それどころか、ときには完全に間違いであることも否めない。

というわけで、ここに、次の仮説を立てる。

> **仮説H5**
>
> **技術革新の導入は、企業のブランド・マーケティング業績におけるグワンシの有効性を軽減する。**

＊調査の実際を示す方法論と結果の仮説検証については省略するので、関心があれば、次より、原文を参照のこと。

http://www.atypon-link.com/AMA/doi/abs/10.1509/jmkg.72.4.12?journalCode=jmkg

【結論】

本研究は、中国におけるガバナンス機構として顕著なグワンシを概念化し、企業レベルでの活用を考え、また環境変化におけるグワンシの破壊的効果について言明するという、謙虚ながら大胆な試みであった。

結論として、中国におけるブランド・マーケティング業績に対してグワンシがもつ、直接的ならびに間接的効用、ならびに緩慢化効用を発見することができた。

我々の発見は、過去に何度も議論されてきた次のような議論に貢献できる。

「グワンシは、中国の制度障壁を避けるための補完的機構として機能したが、それは文化に深く根ざしたガバナンス構造なので、中国が今後、フォーマルな機構メカニズムを構築していくプロセスのなかでも、継続的に機能していくのだろうか?」

「グワンシは、どのように企業パフォーマンスを向上させるのか? その貢献機能を強化するためには、どんな組織プロセスが必要か?」

「グワンシは企業のどのような能力を強化するのか?」

「グワンシの貢献の方向が変わる（負の効果が発生する）領域条件とは何か?」

我々の研究の結果、ガバナンス構造としてのグワンシの顕著な諸特徴は、依然として強く堅牢であることが確認された。

我々の仮定は、グワンシの機能ルールの源泉が、中華的価値システムのなかに存在するという観点から構築されているが、我々の研究では、中国の制度改革の進展中、規制がもっとも少ないと考えられる消費財市場においてでも、グワンシ・ネットワークが、ブランド・マーケティングのパフォーマンスに対して、直接的なインパクトを発揮していることが確認された。よって、ブランド販売やブランドシェア獲得競争において、グワンシの効果を無視できないことが判明した。

これらの発見によって、文化価値に深く根ざして構築された行動規範やそれを動かすルールが、決してなくなることはない、という言明は、さらに強化されることとなった。

グローバリゼーションの時代にビジネスに携わるマネージャーたちが、国際市場を理解するためには、深い文化的知識を発展させることが重要であるのも同時に確認された。

資源論から言えば、企業はその成功のために、異質な資源や完全からはほど遠く移動性の高い資源などを組み合わせなければならない。さらに、持続的な競争優位を生み出す価値の高い、稀少な、かつ模倣不可能な各種資源を求めて、企業資産の強化に努めなければならない。

ここにおいて、グワンシはたしかに経路管理（仮説Ｈ２）と対応能力構築（仮説Ｈ３）において、企業の競争力を誘導する資産であることが確認された。

さらに、私的な契りの関係性を、企業レベルに引き上げることで、企業は流通経路における取引コストを軽減し、市場力バレッジを拡大させることができる。

企業はまた、緊密な関係性によって情報収集コストを軽減させることが可能であり、市場変化に対する制御力を強化することができる。

加えて、企業の経路能力と対応能力をフル活用して、私的なグワンシ・ネットワークから得た利益を「内部留保」することもできる。

これらの結論は、グワンシが企業の持続的競争優位そのものとなるための組織プロセスへのヒントを与えている。我々が知り得るなかで、本研究は、グワンシ活用に関する初めての実証研究と言えるだろう。

一方で、我々の研究においても、ガバナンス構造としてのグワンシの暗い面が顕著に現れた（仮説H4、H5）。競争激化や技術革新による構造弛緩動力（structure- loosening forces）によって、グワンシ影響力効果が否定的に作用する可能性も実証的に証明できた。

また、関係性維持のなかで、長期化による反対効果の発生によって、グワンシが内発的崩壊に向かう傾向も確認できた。

さらに、競争激化と技術革新によって、グワンシ効果が軽減されることも実証された。

これらの結果は、転換期や発展途中にある経済においては、グワンシは依然として、経済社会生活の中核的部分であることを彷彿とさせるが、経済が真に市場経済に移行していくなかでは、私的関係の効果を軽減する効果物も次第に不要になっていくだろう。

我々の研究では、二つの効果軽減物（「競争の激化」と「技術革新」）を確認したが、同時に、転換経済における、グワンシ・メカニズムへの過度な依存そのものも効果物として指摘しておきたい。過度な「相互義務関係」や「集団的盲目性」は、企業を崩壊に導く破壊的動機であり、グワンシ効果の軽減につながるのである。

ソーシャル・ネットワークは、いかなる社会でも共通して、ビジネス進展に有力な影響力を行使する。我々の研究は、ソーシャル・ネットワークがガバナンス構造であることを理解することの重要性を再確認した。各々の文化が、その社会的影響力をいかに表出するかを理解することが、国際マーケティングの鍵になるだろう。

その点においては、我々の研究は、各々の文化圏で、ソーシャル・ネットワーク機能がどのように表出するかを理解するうえで、個人主義とか集団主義とか、血縁による中核社会関係性といった文化的要素が、手がかりになるのではないかと主張する。

よって、本研究は、中国のグワンシに特化した研究であったものの、同様の文化特性を有したほかの国々（たとえば韓国）にも、同様の社会的影響の形があるかもしれないことを予測している。ソーシャル・ネットワークは、エティック（etic 一般性）であり、普遍的に存在するものであるが、一方で、エミック（emic 固有性）的アプローチもまた求められるのである。

企業に向けての示唆

本研究は、中国に参入し営業拡大しようとする企業に、いくつかの示唆を与えることができる。文化メカニズムとしての私的グワンシ・ネットワークの重要性は広く確認されたが、さらに重要なことは、それがもつ、本質的な文化的ノルマ、ルール、そして、グワンシが機能するプロセスを理解することである。

多くの企業がグワンシの基本的役割を理解し、積極的に地元企業や政府役人とグワンシ・ネットワークを築き、中国内外の中国人を雇用して、その文化理解に努めている。

そうしたなかで、グワンシそのものについて、その文化に深く根ざした資源の本質を理解することは核心的な課題であり、それは、グワンシの活用プロセスを理解するだけでなく、もっと重要なレベルで、その否定的側面に気づいていることでもある。

グワンシが利益をもたらす主要な道程とは、要は、企業を地元企業や政府と接触させ、「内部情報」

にアクセスし、政府政策の意図解読をし、普通なら入手できない新たな資源を提供することである。

これらはとりわけ、内陸市場に参入する場合に特に重要である、なぜなら、地方市場では保護主義や参入障壁はさらに高いからである。マーケティング市場、バリューチェーン企業群、そして政府役人といった環境を、うまく管理できた場合の経済的価値は計りしれない。

本研究の対象サンプルは、中国のなかでも比較的開放された消費財市場であったが、それでも、こうした戦略が広く活用されていることが確認できたのである。回答企業（外資、内資含め）の相当数が、グワンシ・ネットワークは管理職社員がもつべき属性だと答えている。

二〇〇七年六月に、ネット上で、企業上級幹部や政府役人と昼食したりゴルフしたりする機会を有料で提供するウェブサイトが開設された。私的関係性の程度が高い社会では、深く組み込まれた社会的絆は依然として中核価値（core value）として存在しているのである。

我々は、企業が、これらの私的契りをその領域性を理解し管理することによって、企業ネットワークレベルに「組織化」できると考えている。たとえば、取引と取引の間で高品質のサービスを提供し、相手方企業にそれを気づかせることによって、積極的に私的信用性を企業間信用に移動させること、つまり、信用を個人から組織に移動させることができるかもしれない。

我々の研究結果が示すところによれば、経路能力と対応能力という企業競争力については、個人レベルのグワンシを組織化することによって、より大きな利益の獲得へと向かうことができた。

グワンシを、高い価値を伴った、稀少性のある、模倣困難な、そして譲渡不能な資源として、企業内に蓄積できるか否かは、中国で操業する企業にとって、核心的課題である。

ところが、グワンシは、重要な経営資源であると同時に主要な債務ともなり得る。マネジメントやマーケティングの学者らが、グワンシの負の局面について警告してきたのは、企業間でも発生する過度な「義務的債務」であり、ネットワークが崩壊した際のドミノフォール（連鎖倒産）や、過度な依存性と集団的偏狭性である。

これらの負の効果は相当に破壊的で、社員がもつグワンシ・ネットワークが企業に利益をもたらす一方、提供不能な便宜返済を義務付けられる可能性もあるのだ。

最大の危険性はそれらの義務関係が、企業の意思決定や将来に影響することである。よって企業には、そのような事態を回避するためのチェック&バランスのシステムが不可欠である。

いくつかの企業（たとえば、HiSenseという中国最大手の家電メーカー）では、定期的に職務ローテーションを実施して、遠隔地マネージャーの二年以上の赴任を禁じている。そのシステムの効用性は定かではないが、グワンシの負の局面に対する意識がよく見てとれるのである。

我々の研究は、「競争の激化」と「技術革新」が、グワンシ効果を軽減できることを実証した。中国がさらに開放市場型インフラと制度メカニズムを構築するなかで（たとえば、法整備などによって）、グワンシ効果は軽減していくかもしれない。

しかし、ただここに、一定の警告が必要かもしれないのは、グワンシが社会に組み込まれた実践的慣行であり、それゆえ現場ではいまなお有効な文脈であることから、それが永続する可能性も否定できないことである。

しかしながら、希望がもてそうなのは、いくつかの中華経済（たとえば香港）では、グワンシ・ネットワークがビジネスに干渉したり、その進行を歪めたりすることはない、ということだ。

ただ、一つの転換経済について、そうした変化が起こるまでに、どれくらいの時間と文化的適合が進めばよいのかを実証した研究はいまだ存在していない。

本研究の限界と将来性

我々の研究には、次のような限界が伴っていることを断っておきたい。

第一に、本研究は、ガバナンス構造としてのグワンシの、利益とコストの両方を明らかにし確認することが目的であった。しかし、こうした「利益／コスト」のトレード・オフを個々のマネージャーが、どのように行使しているのかを探るには至らなかった。

今後の研究では、マネージャーたちがかれらの諸決定をいかに合理化しているか、グワンシのポートフォリオをいかに管理して、ブランド・パフォーマンスを高め、企業の利益創造につなげているのかに焦点を当てる必要があるだろう。

第二に、本研究は、グワンシを全体的見地から探求することによって、その理論化を試みた。しかし、グワンシのさらに差別化された、領域別における個別の効果についての検討はしていない。たとえば、グワンシは、政府間グワンシ（中央、地方、市政府）に下層分類され、企業（水平競争企業間と垂直協力関係企業間）、顧客（法人顧客と末端消費者）、または株主といったレベルでもそれぞれに発生している。多面的領域アプローチを採用することによって、さまざまな影響力や義務的関係の交錯したポートフォリオを作成すれば、グワンシに関する知識はより豊富になるだろう。

第三に、我々の研究は、消費財分類におけるブランド・マーケティングを対象にした。本研究の意図にはこの選択が適合していたからである。しかし、中国の産業部門や保護された金融業界、あるいは高度に寡占的産業（通信やエネルギー部門）において、どのようにグワンシが表出してくるのか、研究の価値は高そうである。

本研究は、二つの構造弛緩動力として、競争の激化と技術革新を取り上げた。これらの動力の発露は、ＷＴＯや世界銀行といったグローバルな機関が、新興国経済をよりよく理解するための有効な示唆を与えている。

グローバリゼーションや技術革新が著しく進展するなかで、こうした動力効果についてのさらなる包括的な研究が求められる。

When Does Guanxi Matter? Issues of Capitalization and Its Dark Sides

http://www.atypon-link.com/AMA/doi/abs/10.1509/jmkg.72.4.12?journalCode=jmkg

あとがき

戦後、奇跡的な復興を遂げ、一九七九年には、ジャパン・アズ・ナンバーワンとなり、一九八〇年には、競争力ランキングで世界一に躍り出た日本経済は、欧米にとって摩訶不思議な存在であり、当時の米国経営学会は、徹底的にその競争力源泉とメカニズムを解明したものでした。その結果、生まれた「ケイレツ」「カイゼン」なる語彙は、日本人にとっては極めて文化的なもので、特別なものでもなかったのに、その後、世界中で、日本経済を説明する学術用語として定着していくことになります。

それから三十年後の二〇一〇年、中国GDPが日本を超え、チャイナ・アズ・ナンバーワンなる著作が世に出ました。こうして、世界中で中国を解明する動きが活発化し、かつての「ケイレツ」に匹敵するものとして経営学者の興味を引き始めたのが、中華社会の「グワンシ」なる概念です。

経済畑では、単なる「コネ社会」の言い換えとして片付けられ、学術的には、文化人類学や社会学でしか取り上げられなかった「グワンシ」概念が、経営学者の関心を喚起し、理論化の試みが始まっているのです。

二〇一〇年、アジア二百大学中第一位に輝いた香港大学。その商学院華人経営研究センター所長ツェ博士（Dr. David K. Tse）は、一九九五年から中国市場マーケティングに特化した研究を始め、中国企業行動を多面的に解明するための学際的方法を建立してきました。集団の土着価値と経営学の関係を立体的に統合して中国市場構造や中華企業行動を解いていく、その手法は、日本にはあまり見られません。

彼は、大手中華企業や華人財閥企業の社訓に「論語」が圧倒的に多いことに着目し、儒家思想の規律や概念が企業行動のガバナンスになっていることを実証解明してきました。「中庸」や「徳行」などの儒家概念を、経営パフォーマンスとの相関関係モデル変数として取り込み、それらの、経営成果における機能を解明するという意欲的研究を進めてきました。

同時に、ハイアールなどの大手中華企業経営者の経営指針には、中国兵法的概念が多く取り入れられていることにも注目しました。現在では、中華企業経営の競争志向性を説明するのに、「孫子兵法」や「三十六計」が少なからず取り入れられています。

香港大学商学院では、「グワンシ」の経営学的理論研究が進められ、二〇〇九年には、それが中国企業経営において、経営資源であるばかりでなく、企業ガバナンスであるとの言明をするに至りました。

そして現在、中国市場マーケティング学においては、「グワンシ」の機能について、いかにそのプラス面を伸ばし、マイナス面を軽減して、経営パフォーマンスに活かしていくかが積極的に研究されています。

これは、中国経済の台頭とともに想定される中国独自のやり方の世界的蔓延の兆候であるとともに、そのマイナス面を指摘排除することによって、プラス面を世界的ルールに適合させ、なおかつ、中華文化の良き面を世界経済の諸問題解決に活かしていこうという中国人自身の賢明な意図でもあります。中国の方法を盲目的に謳歌するものでもなく、すべて卑下するものでもなく、客観的に理解し活用しようという経営学の期待でもあります。

中国経営を解明しようと試みた私がツェ博士に出会ったのは、二〇〇二年の秋のことです。香港大学華人経営研究センターでお会いしたのですが、初対面にもかかわらず、中華企業集団行動を解くための鍵をいきなり講義してくださいました。

「同心円」を白板に書き、中国人は一番内側の円から外に広がっていくが、一番内側の円は血縁の家族、その外に学校や会社が広がり、最後には国家が来る。彼らの関心は家族がもっとも濃くて、外側の円にいけばいくほど無関心になっていくことを教えられました。

そして、「局内人（自己人と同値）」と「局外人（外人と同値）」の違いを中国人は使い分けており、それぞれに対応する文法が違うことも教えられました。

いかなる人間や集団でも、結局は、思考の拠りどころとなる「Core Value（中核的価値）」がその行動ドライバー（推進力）になるので、中華経営という華人集団行動を解くためには、その「Core Value」を知らなければならないのだと。

本書の刊行に至った背景には、ツェ博士の「グワンシ」理論化の進展があります。単なるコネ社会の個別体験的、描写的中国論では意味がない。理論化され抽象化された理念型でこそ、伝達可能な知見となります。一般性をもたせることによって、企業経営に寄与することができるのです。

組織を重んじる日本的ビジネス形態とその背後の価値観からは、「グワンシ」は理解しがたい概念だと思います。しかし、かつて「ケイレツ」は米国にとっては理解しがたい概念でした。自由、公正、平等を標榜する欧米型市場主義社会にとって、このような排他的関係性社会は容認できるものではありませんでした。

そして、その「排他的関係性社会」がいま台頭する中国にもあるのです。それが「グワンシ」です。

日本では関係性が組織を軸に構築されるが、中国では個人を軸に構築される——違いはそれだけです。排他的なのは、両方とも共通なのです。軸がどこにあろうが、両者の関係性社会を築く性向の基底には儒家的思考が横たわるからです。

仁、義、忠、孝、信は、日本の武士道と三国志の「桃園の誓い」の両方の基盤にあります。これら五つの概念が、日本では組織社会のなかで体現され、中国では家族社会のなかで体現される——つまり「グワンシ」は、視点を変えれば、日本人には理解できない概念ではない、ということです。欧米人には理解できない。漢字を解する民族にしかわからないものなのです。

ここに気づけば、難しいと思われる中国事業も楽になるのではないでしょうか。

中国と日本は違うことが多すぎる、と思っている人でも、意外に盲点なのは、このような部分です。

二千年もの日中アジアの歴史を辿る余裕のある人は幸いです。過去の共通体験を想い出せば、欧米と比較して、意外に日中は近いのです。同じ儒家道徳でも、中国に入ったら、「ケイレツ」でなく「グワンシ」でいきましょう。

郷に入れば郷に従えと言います。

本書を読まれた読者がひとりでも、中国ビジネスに再挑戦しようと立ち上がられることを期待します。

最後に、本書出版にあたり、たいへんお世話になったディスカヴァーの干場社長に謝意を表します。同社からは、本書に先駆けて、中国人と付き合ううえでのもう一つの側面である「外人」の行動文法となる「中国兵法」に関する著作を出していただいており、本書は、それとはペアになる作品となりました。干場社長は、この両方の概念に関し、ともに突っ込んだ討論を何度もし、内容を深めていってくださいました。彼女なしでは実現し得なかったプロジェクトでした。心より御礼申し上げる次第です。

古田茂美

二〇一一年春

関係（GUANXI《グワンシ》）
中国人との関係のつくりかた

発行日　2011年3月15日　第1刷

Author　デイヴィッド・ツェ　古田茂美
Translator　鈴木あかね（ツェ教授の談話）
Book Designer　遠藤陽一（DESIGNWORKSHOP JIN, Inc.）
Illustration　有限会社ムーブ

Publication　株式会社ディスカヴァー・トゥエンティワン
〒102-0074　東京都千代田区九段南2-1-30
TEL　03-3237-8321（代表）
FAX　03-3237-8323
http://www.d21.co.jp

Publisher　干場弓子
Editor　干場弓子＋藤田浩芳

Marketing Group
Staff　小田孝文　中澤泰宏　片平美恵子　井筒浩　千葉潤子
飯田智樹　佐藤昌幸　鈴木隆弘　山中麻吏　西川なつか
吉井千晴　猪狩七恵　山口菜摘美　古矢薫　日下部由佳
鈴木万里絵　伊藤利文　米山健一　天野俊吉　徳瑠里香
原大士
Assistant Staff　俵敬子　町田加奈子　丸山香織　小林里美　井澤徳子
古後利佳　藤井多穂子　片瀬真由美　藤井かおり　福岡理恵
葛目美枝子

Operation Group
Staff　吉澤道子　小嶋正美　松永智彦
Assistant Staff　竹内恵子　熊谷芳美　清水有基栄　小松里絵　川井栄子
伊藤由美

Productive Group
Staff　藤田浩芳　千葉正幸　原典宏　林秀樹　粕谷大介
石塚理恵子　三谷祐一　石橋和佳　大山聡子　田中亜紀
大竹朝子　堂山優子　酒泉ふみ

Digital Communication Group
Staff　小関勝則　谷口奈緒美　中村郁子　松原史与志

Proofreader　株式会社文字工房燦光
Printing　大日本印刷株式会社

ISBN978-4-88759-883-6

本書の姉妹篇。

中国人のもうひとつの行動原理を理解するために。

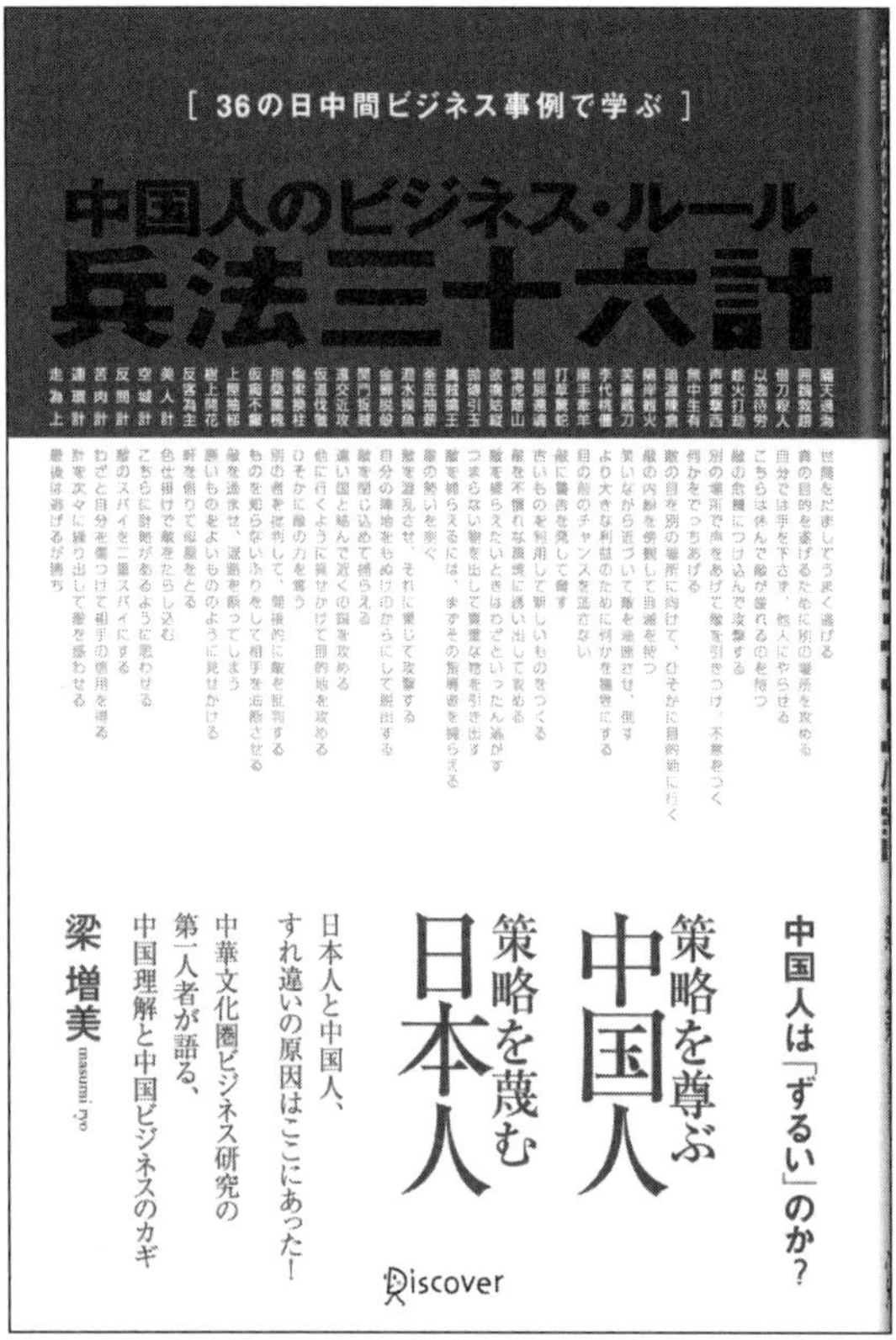

中国人のビジネス・ルール　兵法三十六計（本体 1500 円）

書店にない場合は、小社サイト（http://www.d21.co.jp）やオンライン書店（アマゾン、ブックサービス、ｂｋ１、楽天ブックス、セブンアンドワイ）へどうぞ。お電話や挟み込みの愛読者カードでもご注文になれます。

電話　03-3237-8321（代）